Anna Müller-Tannewitz

Marys neue Schwestern

THIENEMANN

Mü 1-12 20 Ma 18 (8) + 2

I

„Mary, Mary!" Das Mädchen hob den Kopf: das war ja Vaters Stimme. Eilig trat es aus dem Halbdunkel der Hausdiele in den hellen Tag und hielt Ausschau. Der Vater stand mit dem Gespann bei der Kastanie vor dem Gatter.

Mary lief durch den Garten bis zur Pforte. Die Frühlingssonne glänzte auf den kahlen Ästen, den dicken, klebrig glitzernden Knospen, den braunen und weißgefleckten Pferderücken.

Der Fuchs prustete dem Mädchen leise entgegen; der Schecke trat von einem Fuß auf den anderen, zog sein linkes Hinterbein unter den Bauch, setzte es vorsichtig auf und zog es von neuem an.

„Was ist denn mit dem Schecken?" wollte Mary wissen.

Neben dem Vater standen die beiden ältesten Brüder, John und Thomas, und starrten auf ein fingerlanges, blitzendes Eisenstück, das in ein spannenlanges Holz fest eingeschäftet war. Langsam drehte es der Vater hin und her.

„Der Schecke ist mit dem Hinterhuf hineingetreten; es steckte mitten im Wege", erklärte Thomas der Schwester. Erschrocken blickte Mary auf die drei Männer, ein zorniges Rot färbte ihre Stirn.

„Aber das muß doch jemand dahin gesteckt haben! Welcher gemeine Kerl hat denn das getan? Es war doch niemand hier, den ganzen Winter hindurch, nicht einmal ein Händler!"

„Nein, es waren keine Fremden hier", meinte der Vater abwesend.

Es klang, als sei er mit dem Nachdenken noch nicht fertig. Thomas wußte etwas mehr zu sagen. „Wir haben den Weg abgesucht und nur dieses eine Ding gefunden. Indianer hätten sicher mehr solche Spitzen eingerammt!"

Die Männer mußten die Entdeckung eingehend besprochen haben, denn auf einmal tat sogar John seinen Mund auf. Der breite, vierschrötige Junge sagte selten etwas, und wenn er redete, klang es wie ein schläfriges Gemurmel. Doch jetzt lag in seiner Stimme ein scharfer Ton: „Vom Himmel gefallen ist der Dorn nicht. Und von uns hat ihn niemand eingerammt. Haben es die Indianer nicht getan, dann hat es gewiß der Kuckuck getan!"

Thomas antwortete heftig. „Du mit deinen Indianern! Du hast ja nur davon erzählen hören, von den Händlern und von den Nachbarn. Gesehen haben wir hier noch keinen, nicht einmal seitdem der Krieg mit den Franzosen im Gange ist!"

„Gesehen, gesehen", fiel John dem Bruder ungeduldig ins Wort, „wenn wir sie sehen, ist es zu spät. Unsere Pferde sollen unbrauchbar gemacht werden, wer weiß, was da . . ."

Der Vater wischte mit einer Handbewegung Rede und Gegenrede weg. „Es mag sein, daß dieses Teufelsding schon länger im Weg gesteckt hat. Jedenfalls lahmt unser Schecke und fällt für das Pflügen aus."

Nachdenklich blickte er auf die schwellenden Knospen der Kastanie. „Es kommt in diesem Jahr alles früher. Morgen muß der Flachsacker gestürzt werden. Mary, du gehst heute nachmittag zu Jollys und bittest Herrn Jolly um ein Pferd. Vielleicht kann er das gute Lieschen entbehren. Er hat mir schon vorige Woche seine Hilfe angeboten."

Mary strahlte. Vaters Auftrag bedeutete zugleich einen Besuch bei ihrer Freundin Tonia. Sie rannte zum Haus zurück, um der Mutter die Neuigkeit zu erzählen. Hinter ihr verklang des Bruders Stimme: „Vielleicht sollten wir doch den Waldrand nach Spuren absuchen ...“ Aber Mary dachte nur noch an Jollys und Tonia.

„Mutter, ich muß nach dem Essen zu Jollys, ein Pferd holen“, rief sie in die offene Tür des Blockhauses hinein.

Die Mutter stand am steinernen, offenen Herd und hustete in dem Rauch, der nicht richtig zum Kamin hinausquoll. „Nur langsam“, wehrte sie ab. „Vorher mußt du noch deine Buchstaben üben. Du müßtest schon viel besser lesen und schreiben können mit deinen 13 Jahren. Deine Brüder hatten mehr Sitzfleisch in deinem Alter. Du willst immer nur draußen herumlaufen und bist ein halber Junge!“ –

So saß Mary am Nachmittag am sauber gescheuerten Holztisch und malte ungelenke Buchstaben auf ein Blatt Papier. Vom Gänsekiel spritzten Tintenflecken und die Finger färbten sich schwarz.

Thomas beobachtete lächelnd die Schwester und meinte: „Bis du heiratest, wirst du ja deinen Namen schreiben können.“

Mary tat, als hörte sie nichts und gab sich redlich Mühe. Ohne zu stocken las sie der Mutter vor, was sie geschrieben hatte, Wort für Wort, wie es die Mutter diktierte: „Im Anfang schuf Gott Himmel und Erde ...“

„Siehst du, wenn du willst, kannst du es. Du bist nicht dümmer als deine Brüder – im Gegenteil!“

„Es macht mir aber keine Freude, ich bin lieber draußen oder bei den Pferden“, trotzte Mary.

„Aber wenn du mal krank wirst und nicht zu Tonia kannst, dann schreibst du ihr einen Brief. Ist das nicht schön?“

„Ach ja, Tonia, daran habe ich gar nicht gedacht!"
„Na, nun noch drei Sätze aus der Bibel, da wo ich aufgehört habe zu diktieren. Dann machst du dich auf zu Jollys. Ich muß jetzt nach dem Brot im Backofen sehen."
Die Mutter verschwand, denn der Backofen stand draußen neben der Scheune, aus Steinen gewölbt und mit einem kleinen Dach, fast wie ein Puppenhaus. Kaum war die Mutter hinaus, stürmte Marys ältere Schwester herein. Betsy war fast 18 Jahre und vertrug sich mit Mary schlecht. „Natürlich! Du gehst zu Jollys, und ich muß Mais palen! Bist ja auch Mutters und Vaters Liebling!"
Sie riß der Schwester den Gänsekiel aus der Hand, daß die Tinte herausspritzte. „Mit deiner Schreiberei wird es ja doch nichts!"
Mary sah die Tintenflecken auf dem Blatt und sprang auf, zornrot. Da holte Betsy aus und versetzte ihr eine schallende Ohrfeige. Ohne ein weiteres Wort verließ die Schwester den Raum und knallte die Tür hinter sich zu.
Mary blieb wie betäubt zurück. Mit Betsy hatte sie sich noch nie verstanden. Immer schimpfte die Ältere; immer schlug sie mit ihrer harten Hand zu, und meist ohne Grund! Das Mädchen schluchzte in das Halbdunkel der Stube hinein; wenn die Tür zugefallen war, vertrieben die winzigen Fensterluken nur wenig von der Finsternis, die unter der niedrigen Balkendecke dämmerte. Schließlich wischte sie die Tränen fort und murmelte: „Na, warte, wenn ich vierzehn bin, dann schlage ich zurück!" Dann packte sie ihre Sachen zusammen und lief hinaus.
Es war keine halbe Stunde zu den Nachbarn. Jollys wohnten so nahe, daß man an Sommerabenden bei günstigem Wind ihre Hunde bellen hörte. Der Weg zog sich am Creek entlang; Mary hätte ihn auch bei stockdunkler Nacht gefunden. Da gluckste

schon der Wasserfall neben den Fichten, und da kam die Lichtung neben den Birken! Von hier sah man die Kammlinie der Alleghenies blauen; heute waren die Berge so nahe! Nun zog der Weg die Schleife um den uralten, gestürzten Riesenahorn, und jetzt roch Mary schon das Holzfeuer von Jollys Herd. Dichter Rauch wirbelte über dem klotzigen Kamin empor, stieg aber nicht in die Höhe, sondern senkte sich vom Hausdach nieder und verlor sich allmählich zwischen den Bäumen. Das bedeutete Regen.

Dann sah Mary ihre Freundin. „Tonia, Tonia!"

„Mary!" Die beiden liefen aufeinander zu, und auch die großen Wolfshunde von Jollys begrüßten den unerwarteten Gast mit lautem Gebell. Die Mädchen setzten sich auf einen dicken Baumstamm und fingen an zu erzählen. Sie sahen sich nicht oft; auf den einsamen Grenzerhöfen mußten die Kinder tüchtig mit zugreifen. Die Sonne stand schon handhoch über den westlichen Baumwipfeln, als Mary ihr Auftrag einfiel. „Ich muß schnell zu deinem Vater! Ist er zu Hause?"

„Da kommt er aus der Scheune!"

Beide Mädchen liefen ihm entgegen und Mary sprudelte ihr Anliegen her: „Unser Schecke lahmt! Und Vater möchte den Flachsacker umstürzen."

„Natürlich kann Vater ein Pferd haben, aber warum lahmt der Schecke?"

„Er ist mit dem Hinterhuf in einen spitzen Eisendorn getreten."

„Was, in einen Eisendorn sagst du?"

Herr Jolly machte ein nachdenkliches Gesicht, sagte aber nichts mehr. Erst vor dem Stall rief er: „Ich bringe dir die Liese, das ist ein braves, frommes Tier, auf der kannst du gut heimreiten."

Mary hüpfte von einem Fuß auf den anderen: wie gern saß sie

auf einem breiten Pferderücken und ließ sich schaukeln. Von oben herab sah die Welt noch viel schöner aus. Gleich würde Onkel Jolly mit der Liese aus dem Stall kommen. Ungeduldig lief das Mädchen ihnen entgegen.

Aber da kam ja gar nicht Onkel Jolly und auch nicht die Liese, da kam eine große, dunkle Wand, nein eine Decke, wie die Händler sie verkauften, die bei den Indianern herumzogen. Mit Windeseile näherte sich das weitausgebreitete dunkelblaue Viereck und schlug lautlos um Mary zusammen. Sie spürte deutlich, wie das wollige Tuch sich um sie legte, fast wie die Arme einer Mutter. Sie fühlte keine Angst, sie merkte nur, wie sie in das Dunkel sank und plötzlich alles ausgelöscht war.

Jollys sahen die Kleine fallen, trugen sie in die Stube, spritzten ihr Wasser ins Gesicht und hörten verwundert die Erwachende von einer blauen Decke reden. „Du hast geträumt, mein Liebling", meinte Tante Jolly beruhigend, aber Mary schüttelte den Kopf. „Gib ihr Milch und ein Speckbrot! Die jungen Dinger essen nie richtig. Sie ist ja so leicht und mager wie ein Vögelchen. Kein Wunder, daß sie am hellichten Tag Gespenster sieht."

Marys blasses Gesicht rötete sich beim Essen wieder und ihre Benommenheit wich. Als Tonia besorgt ihre Mutter fragte: „Ist Mary krank?" konnte die Freundin selbst antworten und sie auslachen. Die Tante aber schüttelte zweifelnd den Kopf: „Es war eine leichte Ohnmacht"; liebevoll strich sie Mary das helle krause Haar aus der Stirn. Die schweren Flechten paßten so gar nicht zu dem zarten Gesicht mit den blauen Augen.

„Wenn du vor Dunkelwerden nach Hause kommen willst, mußt du jetzt aufbrechen, Kleine", mahnte Onkel Jolly.

Mary stand auf und verabschiedete sich. Herr Jolly hob das Mädchen auf das Pferd und gab ihm die Zügel in die Hand. „Die Liese findet den Weg schon, falle nicht herunter und grüße die Eltern!“ Der Liese klopfte er den Hals: „Und nun guten Heimweg!“

„Ich falle nicht, auf Wiedersehen!“ rief Mary im Davonreiten. Noch lange hörte sie die Stimmen der Jollys und das Bellen der Hunde und dann das Brüllen der Kühe, die darauf warteten, gemolken zu werden.

Der Vater freute sich, als seine Tochter mit dem Pferd ankam. „Nun kann ich morgen früh gleich an die Arbeit“, sagte er, hob Mary herunter und führte die Liese in den Stall. Sonst war seine Tochter immer allein heruntergesprungen, aber das fiel dem Vater nicht auf. Auch nicht, daß sie blasser und stiller als sonst war.

Als Mary ins Haus trat, war es dunkel, denn vor den kleinen mit Schweinshaut bespannten Fenstern waren schon die Holzläden eingehakt. So legte sie sich in ihre Koje aufs Bett und wartete, bis die Mutter und Betsy vom Melken kamen. Sonst half sie den Brüdern beim Füttern, aber heute mochte sie nicht.

Als die Familie um den schweren Tisch beim Abendbrot saß und Neues von Jollys wissen wollte, antwortete Mary nur einsilbig. Von der blauen Decke sagte sie kein Wort: die Eltern würden ihr nicht glauben, und die Geschwister nur lachen. Und schließlich hielt ihr noch eine dunkle Ahnung den Mund zu, es werde etwas geschehen, was mit der blauen Decke zusammenhing.

Auf einmal ertönten draußen Schritte, einzelne abgebrochene Worte und Kinderstimmen. Dann klopfte es. Das Gespräch am Tisch verstummte sofort: Fremde sah man in den einsamen Waldhöfen bei sinkender Nacht ungern. Weit verstreut lagen hier die

Siedlungen, stundenweit voneinander entfernt, Vorposten der weißen Siedler, deren Masse noch hinter den Alleghanies nach Osten hin wohnte.

Der Vater lauschte aufmerksam. „Das sind Ritchers", murmelte er und wurde auch sofort von draußen bestätigt durch eine Männerstimme: „Hallo, wir sind es, Ritchers vom Birkensee!"

Die Eltern schoben die Riegel von der Haustüre zurück und ließen die Nachbarn herein: Vater, Mutter und drei Kinder. Ritchers wohnten etwa eine Stunde weit, nicht wie Jollys in Richtung auf die Alleghenyberge, sondern nach Nordwesten zum Ohio hin, wo die Indianer hausten und die Franzosen ihr Fort hatten: Du Quesne. Ritchers waren am meisten gefährdet.

Stimmenlärm erfüllte die Stube. „Nehmt den plötzlichen Besuch nicht übel", bat Herr Ritchers, ein kleiner, untersetzter Mann. „Als ich heute mittag unseren See abging, fand ich zwei deutliche Mokassinspuren und daneben Tapfen von Stiefeln. Da haben wir gleich gepackt und uns hierher aufgemacht."

Der Vater winkte ab. Entschuldigungen kannte man in den Grenzerhöfen nicht, und Hilfsbereitschaft bedurfte keiner Worte. Die Pferde kamen in den Stall, die ältesten Kinder schliefen in der Scheune, im Blockhaus rückte man zusammen, und alle fanden Platz.

„Ich sehe morgen früh nach unseren Kühen", sagte Herr Ritchers, als man wieder am Tisch saß. „Wir haben sie für die Nacht versorgt zurückgelassen, auf dem Weg hätten sie uns zu sehr aufgehalten. Vielleicht entdecke ich dann noch mehr!"

„Laß das lieber", warnte der Vater. „Wahrscheinlich schleicht bei dir so eine Streife aus Fort Du Quesne herum, Franzosen und Indianer zusammen. Seitdem die Blauen das Fort gebaut und seitdem unsere Leute unter Braddock das Unglück gehabt haben, sind wir unseres Lebens nicht mehr sicher."

Einen Augenblick verstummte das Gespräch. Wie ein Schatten senkte sich der Name Braddock über den Tisch. Zwei Jahre waren es nun her, daß die Engländer unter diesem General das kleine Fort erobern wollten, das die Kanadafranzosen an den Ohio gebaut hatten, dort wo Monongahela und Allegheny zusammenflossen. Und wie schrecklich waren die englischen Rotröcke damals geschlagen worden! Seitdem gab es keine Ruhe mehr. Herr Ritchers fing wieder an. „Hast recht, seitdem die Franzosen in Du Quesne sitzen, schicken sie uns jeden Frühling ihre Streifen über den Hals. Bis jetzt haben wir in unserem Winkel Glück gehabt, so nahe an die Alleghenies trauen sie sich nicht, bis jetzt nicht . . ."

„Bis jetzt nicht", wiederholte der Vater sorgenvoll, „aber denk dir, heute früh tritt doch mein Schecke in einen Eisendorn, der da mitten im Weg steckte."

Erschrecken lief über Ritchers Gesicht. Er griff nach dem Eisendolch, den der Vater aus der Schublade geholt hatte. „Teufelswerk, Teufelswerk", murmelte er. „Werde morgen früh vor Sonnenaufgang losreiten, da schlafen die Banditen. Sie greifen meist abends an, erinnerst du dich, bei Penders war es auch so!" Die Männer sprachen noch lange über Sicherheit und Schutz, von Franzosen und Indianern in Fort Du Quesne, von Überfällen und wie man bei Gefahr Jollys benachrichtigen könnte. Mary klangen die Stimmen ferner und ferner, die Augen fielen ihr vor Müdigkeit zu. Als Betsy fragte: „Kommst du mit?" folgte sie ihr willig in die Scheune auf das Lager aus Maisstroh. Im Nu schlief sie ein.

Pferdegetrappel weckte sie. Sie spähte durch ein Astloch hinaus in die feuchte, milchige Dämmerung. Ritchers schwang sich auf

sein Pferd, um nach seinen Kühen zu sehen, wie er gestern angekündigt hatte.
Mary legte sich wieder hin und schlief weiter. Als sie aufwachte, war Betsy schon fort. Nur die beiden Brüder schnarchten noch im Heu. „Vater wird euch gleich Beine machen", rief sie beim Hinausgehen. Dann schlich sie in den Stall zu ihren Lieblingen, den Pferden, und gab jedem eine Handvoll Hafer. Der Vater sah das nicht gern; im Frühling wurde das Futter knapp, aber hier verriet sie ja keiner.
Sobald die Sonne die Schindeln auf dem Dach vergoldete, begann das Leben auf dem einsamen Gehöft. Eine Menge drängender Arbeiten wurden erledigt, bevor man sich zum Frühstück niedersetzte. Mary fand den Vater schon in voller Tätigkeit; er richtete auf dem Hackblock vor der Giebelwand des Hauses einen Axtstiel. John und Thomas hörte man in der Scheune arbeiten, wahrscheinlich gabelten sie Stroh.
Als Mary in die Wohnküche trat, richteten die Mutter und Betsy das Frühstück.
„Na, endlich ausgeschlafen?" begrüßte Betsy die Schwester. „Hast wohl vergessen, daß wir Gäste und doppelte Arbeit haben, könntest auch mal in der Küche helfen!"
Schuldbewußt senkte Mary den Kopf.
„Näh erst den Knopf an dein Kleid, Betsy ist viel ordentlicher als du. Und mache schnell, damit ich dir noch ein paar Sätze diktieren kann. Nachher, wenn Frau Ritchers mit den Kindern da ist, geht es nicht mehr", nörgelte nun auch noch die Mutter.
Mary nähte mit einigen Stichen den Knopf fest, steckte das Nähzeug in ihre große Kleidertasche und zog Papier und Feder aus der Tischschublade hervor.

Die Mutter zerschlug Eier auf dem Pfannenrand und begann nebenbei Mary zu diktieren: „Und Gott nannte das Licht Tag und die Finsternis Nacht ..." weiter kam sie nicht.
Der Knall von Schüssen draußen riß ihr die Worte vom Mund weg. Schreckensbleich stürzte Frau Ritchers mit ihren Kindern aus der Schlafkoje herein. Mary sah, wie die Mutter die Pfanne fortschob und ihr Gesicht trotz des Widerscheins der lodernden Herdflamme weiß wurde. Sie sah, wie Betsy zur Tür rannte. Und dann sah sie, wie unter lautem Gebrüll und gellenden Schreien dunkle Gestalten eindrangen und die zurückweichende Betsy mit einem Gewehrkolben beiseite stießen. Sie sah die Kinder unter den Tisch kriechen und Frau Ritchers ohnmächtig werden.
Mary wollte schreien und den Vater zu Hilfe rufen, aber sie bekam keinen Ton aus der Kehle, ihre Zähne fingen an zu klappern.
Die Frauen und die beiden Mädchen wußten, daß sie durch den plötzlichen Überfall überrumpelt und verloren waren. Vor ihnen standen zwei Franzosen und drei Indianer, und draußen hörte man fremde Stimmen. Gegen solche Übermacht war der Vater hilflos. Ein Franzose versperrte mit vorgehaltener Flinte den Ausgang, während der andere, auf dem Kopf den merkwürdigen Dreispitz, die Schublade nach Geld und Wertsachen durchsuchte und alles nur Brauchbare, sogar den Gänsekiel in die Taschen seines blauen Rockes verschwinden ließ.
Aber viel furchterregender wirkten die Indianer mit ihren buntbemalten Gesichtern und der langen Feder im Haarknoten. Sie stießen unverständliche Kehllaute aus, ergriffen Brot, Fleisch und Speck und packten alles in Bündel. Dann holten sie aus der Vorratskammer die Mehlsäcke. Erschreckt sahen die Frauen, wie

ihnen von dem kürzlich geschlachteten Schwein und von allen anderen Vorräten nichts blieb: der kleine Speisekammerverschlag wurde ausgeräumt.
Jetzt befahlen die Franzosen in kaum verständlichem Englisch, den Frauen mit den Kindern herauszukommen. Mary, die ganz benommen dasaß, fühlte sich plötzlich am Arm gepackt und nach draußen gezerrt.
Dort stand der Vater, an den Händen gefesselt, und von einem Franzosen bewacht. Auf ein Kommando setzten sich alle in Bewegung: vorn ein Franzose, dann der Vater, dann wieder ein Franzose mit vorgehaltener Flinte, gefolgt von den Frauen und Kindern. Den Schluß des Zuges bildeten mehrere Indianer. Man ging nicht zum Gartentor und zur Kastanie, sondern in entgegengesetzter Richtung. Vor dem Stall beluden noch ein paar Räuber Pferde mit Säcken, während zwei Indianer noch einmal zum Haus zurückkehrten.
Marys Augen suchten den kleinen Trupp ab. Ihre Familie war doch nicht vollzählig! Wer fehlte nur? Ihre Erinnerung war in einen tiefen Brunnen gefallen, es blieb ihr auch keine Zeit zum Nachdenken, denn jetzt bot sich den Gefangenen ein schreckliches Bild. Nicht weit vom Weg lag ein Pferd mit ausgestreckten Beinen und daneben Herr Ritchers, beide tot. Frau Ritchers schrie auf und wollte hinlaufen, aber zwei Indianer hinderten sie daran. Der Schrecken lähmte alle, niemand wagte sich umzudrehen. Die Indianer trieben die Gefangenen zu größter Eile an.
Als der Weg stieg, wagte Mary, sich umzublicken. Da sah sie das Wohnhaus lichterloh brennen. Immerfort angetrieben liefen die Gefangenen den Tag hindurch über Berg und Tal, meist durch Wald, an kleinen Lichtungen entlang. Erst am Abend bekamen sie

zu essen. Aber ein Feuer wurde nicht angezündet. Die Räuber fürchteten durch aufsteigenden Rauch entdeckt zu werden. Eine schwache Hoffnung flackerte in den Verzweifelten auf. Vielleicht hatten Jollys die Rauchfahne des brennenden Hauses gesehen, vielleicht das Schießen gehört, vielleicht die Nachbarn zusammengeholt, vielleicht die Verfolgung der Räuber aufgenommen, vielleicht ...

Der folgende Tag zeigte kein anderes Gesicht, die Indianer gebrauchten Peitschen und Stöcke, um den erschöpften Kindern Beine zu machen. Der Vater sprach kein Wort. Mary sah, daß ihn aller Mut verlassen hatte. Er machte sich gewiß Vorwürfe, weil er die Warnung des blitzenden Eisendorns nicht beachtet, weil er einen bevorstehenden Überfall nicht erwartet hatte.

Alle Gefangenen zeigten große Niedergeschlagenheit, als sie am Mittag an einer kleinen verlassenen Palisade vorbeikamen. „Das ist Fort Ligonier!" Es war das einzige, das Mary von ihrem Vater hörte, bevor sie am Abend getrennt wurden. Niemand hoffte mehr auf Rettung durch die Nachbarn, denn in die Nähe der französischen Forts wagten sich keine englischen Siedler, und jetzt führte der Weg nach Norden, zum Allegheny und wahrscheinlich nach Fort Du Quesne, dem Standort der französischen Soldaten.

Ganz anders als der Vater verhielt sich die Mutter: sie zeigte ihre Niedergeschlagenheit nicht. Sie ermunterte die hungrigen und durstigen Kinder mit Geschichten, schleppte die Kleinsten auf dem Arm, wenn sie nicht mehr laufen konnten, und sprach ihren Töchtern immer wieder Mut ein. Von ihr ging ein letztes Spürchen Hoffnung aus, eine letzte Zuversicht für die Verzweifelten und Betäubten, die durch die kahlen Wälder einem ungewissen dunklen Schicksal entgegenzogen.

Als die Sonne des zweiten Marschtages sank, machten die Räuber Halt. Völlig erschöpft sanken die Gefangenen zu Boden. Die wunden, schmerzenden Füße quälten noch mehr als Hunger und Durst. Plötzlich zog ein Indianer Mary und dem ältesten Ritchersjungen Schuhe und Strümpfe aus und holte aus einem Sack zwei Paar neue Mokassins. Halb bewußtlos fühlten die Kinder, wie eine Hand etwas Weiches über ihre Füße streifte.
Die Mutter beobachtete es genau und wandte sich ihrer Tochter zu: „Meine liebe Mary, ich fürchte, wir müssen Abschied nehmen. Ich glaube fest, daß dein Leben geschont und daß es dir bald wieder gut gehen wird. Was auch kommt, behalte deinen Namen im Gedächtnis und vergiß Vater und Mutter nicht."
Mary schluchzte, ihre Augen suchten den Vater. Er lag abseits bei den Franzosen und sah in die andere Richtung; er hatte den Vorgang gar nicht bemerkt. Betsy dagegen schaute herüber, sagte aber kein Wort.
Nach einer Pause wischte die Mutter mit der Hand über ihre Augen und fuhr fort: „Meine liebe Mary, denke immer an meine Worte. Versuche nie, den Indianern fortzulaufen. Der Weg ist viel zu weit, du würdest unterwegs verhungern, und wenn sie dich lebend einfingen, schlügen sie dich tot. Warte, bis die Engländer die Franzosen besiegt haben, dann wirst du sicher ausgetauscht. Vergiß deine Muttersprache nicht. Behalte die Gebete, die ich dich gelehrt habe. Sprich sie, so oft du kannst, und Gott wird dich segnen und beschützen."
Mary vermochte nicht zu antworten, ein dicker Kloß drückte ihr die Kehle zu. Als der Indianer sie und den Jungen hochzog und fortführte, drehte sich Mary noch einmal nach der Mutter um, dann stolperte sie vorwärts, weiter in den Wald hinein ...

An einem mit Moos bewachsenen Platz hielt der Indianer an. Er sah zum Himmel, der voll dunkler Wolken hing. Schnell brach er Zweige ab und errichtete ein Schirmdach aus Tannen, dann breitete er eine Decke aus. Übermüdet legte sich Mary nieder und der Kleine kuschelte sich an ihre Seite. Als sie die Augen schloß, begleitete sie das Bild des brennenden Elternhauses bis in ihre Träume.

Beim Morgengrauen wachte das Mädchen auf; der Junge flüsterte ihr ins Ohr: „Laß uns fliehen!"

„Das tun wir nicht, meine Mutter hat es mir verboten."

„Der Indianer schläft ja noch, komm schnell!"

Aber gerade als sich der Junge erhob, stand der Indianer auf. Er holte Brot und Speck aus seinem Sack und gab auch den Kindern zu essen. Während er kaute, schaute er immer auf einen Pfad, der sich um die Tannengruppe herumschlängelte. Fremde Laute schlugen an Marys Ohr, und plötzlich tauchten andere Franzosen und Indianer auf, einen weißen Gefangenen in ihrer Mitte, einen jungen Mann, so alt etwa wie Marys Bruder Thomas. Er durfte sich neben die Kinder ins Moos setzen.

Die Sonne war inzwischen aufgegangen und ihre Strahlen fielen auf den freien Platz. Die Franzosen stellten ihre Flinten beiseite, und die Indianer führten ein wieherndes Pferd heran und banden es an einem Baum fest.

Ausgeschlafen und einigermaßen satt betrachtete Mary die rotbraunen Gestalten näher. Sie sah Federn von halbgeschorenen Köpfen nicken, Sonnenflecke auf braunroten Rücken tanzen und lange Fransen an Hosenbeinen wehen. Sie flüsterte dem Ritchersjungen zu: „Nur gut, daß wir nicht geflohen sind, wir wären ihnen gerade in die Arme gelaufen."

Dem jungen Mann neben sich bot Mary ein Stück Brot an. Er wehrte dankend ab und sah niedergeschlagen auf das Moos zu seinen Füßen.

Der Anblick des Leidensgefährten stärkte Marys Zuversicht. Auf ihre Fragen gab er nur ängstlich Antwort. Aber allmählich lockte sie aus ihm heraus, daß der Weitermarsch sicher nach Fort Du Quesne ging.

„Dort wird sich unser Schicksal entscheiden", meinte er. „Behalten uns die Indianer, dann verbrennen sie uns. Übergeben sie uns den Franzosen, werden wir vielleicht über Kanada ausgetauscht." Mary erschrak, und der Ritchersjunge begann zu heulen, bekam aber von dem Indianer einen Schlag auf den Mund, so daß er verstummte.

Mary sprang ängstlich auf, wurde schwindlig und sank gleich wieder zurück. Sie sah die blaue Decke vor sich, fühlte sich von neuem von ihr weich umhüllt. Dieser Augenblick verwandelte das Mädchen, gab ihm Sicherheit und Zuversicht. Als Mary die Augen wieder aufschlug, war noch alles wie vorher: der Ritchersjunge saß an ihrer Seite und der junge Mann vor ihr. Was hatte er noch gesagt: „Die Indianer werden uns verbrennen." Mary wußte auf einmal, daß der junge Mann Unsinn geredet hatte.

In einem Punkt hatte der Gefangene allerdings keinen Unsinn geredet. Die Wanderung führte weiter nach Norden in Richtung Fort Du Quesne. Nach dem Regen schien endlich wieder die Sonne, aber nur schwach drangen die Strahlen durch das Walddunkel. Erst am Nachmittag lief der Pfad hinaus ins Freie.

Als der Trupp aus dem Baumdunkel ins Helle trat, lag unten ein großes Tal, durchzogen von Flüssen mit zartgrünen Hängen. Und mitten darin ein riesiges Bollwerk.

Der junge Mann, der fast den ganzen Weg geschwiegen hatte, wurde lebhaft: „Von Süden kommt der Monongahela, von Norden der Allegheny. Wo beide zusammenfließen, entsteht der große Ohio, und in dem Winkel der beiden Flüsse liegt Fort Du Quesne."

Marys Augen folgten seiner ausgestreckten Hand; sie sah das Fort, umzogen von einer hohen Palisade, darin ein Viereck klotziger Blockhäuser, über dem Tor eine blaue Fahne, die naß vom Regen an ihrer Stange klebte. Der junge Gefangene dämpfte seine Stimme: „Die Halbkugeln rundherum sind nichts anderes als Indianerhütten. Dort wohnt das rote Pack . . ." Weiter kam er nicht. Ein Indianer drückte ihn an den Schultern herunter, daß er in die Knie sank, schmierte ihm aus einem Lederbeutel fettige rote Farbe ins Gesicht, dann zog er noch schwarze Streifen darüber. Mary begriff den Schrecken des großen Jungen. Die Franzosen wollten ihn also nicht austauschen, er sollte indianischer Gefangener sein. Was sollte die Bemalung sonst bedeuten? Jetzt kamen Mary und der Ritchersjunge an die Reihe; auch auf ihren Gesichtern glänzten bald rote und schwarze Streifen.

Eine große Traurigkeit überfiel die drei, als sie inmitten der Indianer und Franzosen zum Fort hinabzogen. Vor der kleinen Urwaldfestung liefen von allen Seiten indianische Frauen und Kinder herbei. Mary bebte vor Schrecken. „Was heulen sie so laut, warum schreien sie so gellend?" dachte sie und betrachtete angewidert die gaffende Menge. Erleichtert merkte Mary, wie die Neugierigen an der Bohlenbrücke zurückblieben und nicht mit ihnen zusammen durch das Tor drängten.

In der Turmwölbung erhielten die Bemalten ein kleines Brot, dann führte man sie in ein Blockhaus mit vergitterten Fensterchen.

Hinter ihnen krachte die Bohlentür zu. Als der Abend sank, hörten die Eingeschlossenen Hörnersignale und rasselnde Trommeln. Dann waren sie allein mit der Nacht.

„Komm, du Langschläferin", hörte Mary Betsys Stimme, „der Hahn hat schon lange gekräht!" Wie aus einem tiefen Brunnen tauchte das Mädchen ins Bewußtsein zurück. Die Traumbilder zerflatterten, doch das Krähen des Hahnes blieb.

Mary hob den Kopf. Wo lag sie eigentlich? Durch die Fensterluken malte die Sonne goldene Vierecke auf den Boden. Jetzt entdeckte sie außer ihren beiden Leidensgefährten noch andere Weiße auf den Strohbündeln. Marys Augen suchten umher, aber ihre Eltern waren nicht darunter.

Draußen rollte der Donner des Morgenschusses, und das Lied der Hörner grüßte den neuen Tag. Mary hörte wieder Trommelwirbel und Soldatengetrampel. Sie rückte sich gerade das Stroh zurecht, als die Tür aufging und zwei Franzosen mit einem Indianer hereinkamen. Sie musterten die Gefangenen und winkten den drei Bemalten, herauszukommen.

Die beiden Franzosen nahmen Marys Leidensgefährten zwischen sich und verschwanden wortlos mit ihnen. Eine ungeheure Verlassenheit überfiel Mary, als sie plötzlich allein dastand.

Das Blockhaus, in dem sie die Nacht geschlafen hatte, lehnte sich gegen den Wall. Und der Wall wuchtete von innen gegen die Palisade. An der Giebelwand des kleinen Gebäudes duckte sich ein Holunderbusch, darunter kakelten Hühner. Ein frischer Wind tat sich auf. Mary fror. Auch der Hunger peinigte sie. Zu Hause hätte es jetzt Frühstück mit Eiern und Speck gegeben. Wo mochten die Eltern sein? Ob sie auch im Fort waren? Kaum, bei gleichem Ziel wäre die Trennung sinnlos gewesen.

Der Wind, der die schwarzen Wolken verjagt hatte, legte sich, und der Himmel wurde immer düsterer. Nun fing es noch an zu regnen.

Leise Schritte weckten Mary aus ihren trübsinnigen Gedanken. Zwei Indianerinnen standen vor ihr und musterten sie aufmerksam. Wieder eine neue Erscheinung in dem Wirbel von Eindrükken, in dem sie seit Tagen trieb. So nah hatte sie noch keine indianische Frau gesehen.

Mary spürte deutlich, daß die Mienen dieser Indianerinnen Wohlwollen und ihre dunklen Augen sogar Mitgefühl verrieten. Auf ihren blauschwarzen Haaren blitzten Regentropfen; auch über die langen Jacken rollten Tropfen hinab bis auf die fröhlich buntgestickten Rocksäume und die noch bunteren Mokassins.

Der Regen schien ihnen nichts auszumachen. Sie betrachteten die Gefangene gelassen, aber nicht zudringlich. Mary tat unwillkürlich einen Schritt auf die beiden zu. Doch da wandten sich die Besucherinnen um und gingen fort.

Enttäuscht blickte Mary ihnen nach. Eine winzige Hoffnung erlosch. Ihre Einsamkeit kam ihr doppelt zum Bewußtsein. Nur ein vertrauter Laut drang an ihr Ohr: Hühnergackern. Irgendwo in der Nähe mußten sie ihren Stall haben. Jetzt ging ein weißhäutiges Mädchen mit lockigem, schwarzem Haar und lebhaften Bewegungen vorbei. Sie trug einen kleinen Korb mit Eiern. Es schien die Tochter eines Bediensteten zu sein, der hier im Hausgiebel seine kleine Wohnung hatte, denn sie zeigte zur Fensterluke hinauf und nickte Mary aufmunternd zu.

Es dauerte nicht lange, da tauchte der schwarze Lockenkopf aus der Luke hervor. Das Mädchen winkte und reichte Mary ein kleines Bündel herunter.

Freudig erstaunt wollte Mary gerade laut danken, da erschien eine Frau im Fenster, wahrscheinlich die Mutter. Sie legte den Finger auf den Mund und bedeutete so zu schweigen.
Mary drückte sich an die Giebelwand. In ein kleines Wolltuch waren zwei hartgekochte Eier und ein Stück Brot eingewickelt. Noch nie in ihrem Leben hatte Mary mit so viel Appetit ihr Morgenfrühstück verzehrt. Es gab also auch unter den Franzosen gute Menschen.
Das Mädchen kaute noch, als ein junger französischer Offizier mit goldbetreßtem Dreispitz auf sie zukam.
Mary durchfuhr es wie ein Schlag, als sie plötzlich Worte in ihrer Muttersprache vernahm.
„Wo haben dich die Indianer gefangen?"
„In meinem Elternhaus", stotterte Mary.
„Wo war das? Wo lag das?"
„Vor den Alleghenies."
„Da kann ich dir nicht helfen. Wären deine Eltern hinter der Alleghenyfront geblieben, dann wäre es etwas anderes" . . . Nach einer Pause fuhr er fort, „dann wärest du wahrscheinlich auch gar nicht hier."
Mary stotterte: „Wir sind überfallen worden, meine Eltern, meine Schwester und ich . . . auf unserem eigenen Grund und Boden."
„Weißt du das so genau, daß es euer Grund und Boden war?"
„Ja, mein Vater hat mir erzählt, daß er selbst den Acker gerodet hat. Dort waren vorher keine Franzosen. Und auch jetzt hatten wir keine französischen Siedler als Nachbarn."
„Das stimmt schon, französische Siedler gibt es hier nicht. Da hast du leider recht. Aber wem gehörten die Wiesen und der Wald, bevor dein Vater ihn rodete?"

Mary schwieg.

„Den Indianern! Und deshalb würden sie dich nicht freilassen, selbst wenn ich darum bäte. Und wo wolltest du auch allein hin?"

„Wo sind meine Eltern?" fragte Mary unter Tränen.

Der junge Mann zuckte mit den Achseln und machte einem Indianer und den beiden jungen Frauen Platz, die Mary vor kurzem betrachtet hatten.

„Hier habt ihr sie, macht mit ihr, was ihr wollt", kauderwelschte der rote Mann halb englisch, halb indianisch, und dann verschwand er.

Nun faßten die Frauen das Mädchen bei der Hand und führten es zum Tor hinaus und hinunter an das Ufer des Flusses. Wind trieb die Regenwolken fort und die Sonne wärmte wieder. „Armer Liebling", murmelte unterwegs die Kleinere. Sie konnte wohl ein paar englische Worte... Das weinende Kind tat ihr leid. Nicht weit vom Ufer stand eine winzige Hütte aus Stäben, gedeckt mit Rindenplatten und Matten. Mary mußte hineinkriechen. Drinnen war das Stübchen sauber und nett, mit heller Rinde tapeziert. Auf dem mit Matten belegten Boden fanden alle drei Platz.

Im Nu zogen die Indianerinnen ihrem Schützling die feuchten Kleider aus und wickelten ihn in eine Decke. Draußen schlugen sie mit Stein und Stahl Funken und brachten ein kleines Feuer in Gang, das alsbald lustig prasselte. Dann schoben sie einen Kupferkessel mitten zwischen die brennenden Holzstücke, schütteten Maiskörner und Bohnen hinein und bröckelten aus einem Lederbeutel trockenes Fleisch und Fett in die siedende Masse.

Rings um das Feuer steckten sie Stäbe in den Boden und hingen Marys feuchte Sachen zum Trocknen auf. Dann rührte die Jüngere mit einem Holzlöffel das Essen um.

Mary verfolgte sehnsüchtig diese Zurüstungen. Die junge Indianerin tröstete sie in ihrem drolligen Englisch: „Du essen, arme Kleine, du essen sofort!"

Aber trotz dieser freundlichen Rede dauerte es noch eine Ewigkeit – schien es Mary – bis die Speise fertig und der Kessel abgekühlt war. Das Mädchen glaubte noch nie so etwas Köstliches gegessen zu haben, wie diese dicken geplatzten Maiskörner mit ein paar Bohnen und Fleischbrocken dazwischen. Zweimal aß sie ihr Holzschüsselchen leer, dann erst fühlte sie sich wirklich satt.

Nach dem Essen wurden die getrockneten Kleider angezogen. Während Mary draußen in der Sonne stand, brachen die Indianerinnen das Häuschen ab. Sie rollten die Matten und Rinden zusammen, falteten die Decken und setzten die Holzschüsselchen ineinander. Die Holzlöffel und sonstigen Geräte steckten sie in eine Tasche. Mary half, das fertige Gepäck zum Fluß hinunterzuschaffen. Alles wurde in einem langen Kanu verstaut, das, an einen Uferbaum gebunden, lustig auf den Wellen hin- und herschaukelte.

Das Boot, ein Holzgestell bedeckt mit Birkenrindenplatten, lief vorn und hinten spitz zu, während die Enden sich fast wie Büffelhörner hochbogen. Mary wunderte sich, was alles in dieses schmale Gefährt hineinging. Plötzlich fuhr sie zusammen.

Da stand doch wie aus dem Boden gewachsen wieder der abscheuliche Indianer vor ihr und grinste sie an. Mary hatte ihn nicht kommen sehen, und so fiel ihr vor Schreck die Rindenrolle aus den Händen. Schon kam die große Indianerin herbei und sagte etwas in ihrer Sprache, was nicht freundlich klang. Der Kerl lachte laut und wollte auf Mary zugehen.

Im selben Augenblick holte die große Indianerin aus und ver-

setzte dem Roten Mann eine gewaltige Ohrfeige. Der Geschlagene stand ganz betroffen da, grunzte dann etwas Unverständliches und trollte sich. Dankbar faßte Mary die Hand ihrer Beschützerin.
Jetzt lachte die jüngere Indianerin und meinte: „Der kommt nie wieder." Die Ältere nickte, dann zeigte sie zur Sonne. Das hieß, es ist höchste Zeit, abzufahren.
Sie deutete Mary an, sich in der Mitte auf die Rindenrolle zu setzen. Die Indianerinnen knieten im Bug und im Heck des Kanus, beide mit kurzen Paddeln in den Händen.
Langsam drehte sich das Boot unter vorsichtigem Paddelschlag in die schwere hochgehende Strömung.
Bald wurden die gewaltigen Palisaden des Forts immer kleiner. Hinter der Landspitze kam ein zweiter Fluß hinzu; vereinigt weiteten sich die Wasser zu einem Strom, der hier als Ohio seinen Anfang nahm. Jetzt im Frühlingshochwasser zog er noch mächtiger dahin als sonst, und der Bord des schwerbeladenen Kanus lag nur zwei Finger breit über dem Wasser. Die Sonne, der Mittagshöhe zueilend, funkelte in tausend kleinen Wellen, die unabsehbar weiterzogen.
Es war Mary, als trüge sie ein Riese fort durch ein unendliches Wasser, durch ein Meer. Sie kannte ja nur den heimatlichen Bach, den Marsh Creek. Marsh Creek! Der Name zerriß sofort den Schleier der Gegenwart. Die Heimat stand auf einmal wieder vor ihr: Vater, Mutter, die Geschwister, die Kastanie am Feldweg, Tonia, Onkel Jolly, die Liese . . .
Heftig drehte sich Mary um. Die Dächer der Forts waren kaum noch zu sehen. Dunst lag über der Uferlandschaft. Der Ohio machte einen großen Bogen nach Norden, und ihre Heimat versank.

Im Dunst zerflossen Marsh Creek und die Blauen Berge. „Es geht immer weiter fort von daheim", murmelte Mary. Ihre Schultern zuckten; sie schluchzte heftig.

Da hörte der Paddeltakt auf. Die jüngere Indianerin im Heck neigte sich nach vorn, und ihre Hand streichelte über Marys Haar. „Still sitzen, mein Liebling, ganz still, sonst fallen wir ins Wasser!" Die sanfte Stimme beruhigte, tröstete und linderte den Schmerz.

Mary saß wieder still, doch von den bunten Entenschwärmen, von den silberweißen Reihern in den Uferbäumen, von den schwimmenden Hirschen und von den kleinen Indianerdörfchen, deren Rauchfahnen herüberwinkten, sah sie nichts. Sie starrte auf den kleinen Packen in ihrem Schoß: die Nähtasche aus der Schublade zu Hause und das Wolltüchlein des französischen Mädchens. Das waren die einzigen Dinge, die sich nicht verflüchtigt hatten.

Schnell und fast lautlos zog das Kanu seine Bahn. Längst waren sie über die Nordschleife weg, der Strom wandte sich jetzt nach Westen. Die Indianerinnen verdoppelten ihre Anstrengungen. Sie wechselten kaum ein Wort. Erst als die Sonne im Westen stand und ihnen entgegenschien, griff die ältere in den Korb hinter sich und holte einige fettbestrichene Maisfladen hervor, braune glänzende Scheiben.

„Du mußt dich vorbeugen und unser Brot annehmen. Wir bekommen beide eins", erklärte die jüngere Indianerin. „So ist es recht. Jetzt können wir essen."

Sie vergrub ihre Zähne in das Brot. Auch Mary verspürte Hunger. „Wie heißt du eigentlich", wollte das indianische Mädchen wissen. „So, Maly! Das ist ja ein kurzer Name." Ein R konnte sie offenbar nicht aussprechen. „Ich heiße Rotschwingenamsel und meine Schwester Elchkuh. Nenne mich nur Amsel, das ist einfacher. Rate mal, wie alt ich bin?" flüsterte sie.

Mary zuckte die Achsel.

„Ich werde bald vierzehn Jahre, und du bist vielleicht zehn Jahre älter als ich."

Rotschwingenamsel lachte. Falsch geraten! Sie zeigte an ihren Fingern ihr Alter, da ihre Schwester sich gerade strafend umgesehen hatte.

Mary staunte. Da war Amsel ja gerade so alt wie Betsy. Das hätte sie nicht geglaubt, denn Betsy sah viel jünger aus. Aber sie hatte auch eine zarte weiße Haut und blondes Haar.

Es wurde tiefe Nacht, ehe das Kanu an Land gezogen werden konnte. Mary tastete sich am Rock ihrer Begleiterinnen an dem steilen Ufer hoch. In der weiten Rodung sah sie eine Reihe Hütten, die wie schwarze Hügel gegen den Nachthimmel standen. Der schmale Weg, vom Mondlicht beschienen, führte gerade zu einem Wigwam. Schnell krochen die drei durch die niedrige Mattentür in den einzigen großen Raum. Von oben sickerte durch das Rauchloch ungewisses Dämmerlicht; Laub raschelte und Maisstroh knisterte. Mary wurde auf ein dickes Fell gedrückt und in eine Decke gewickelt. Daß ihre Begleiterinnen noch ein Feuer entzündeten, dessen Rauch sich durch das Loch in der Decke verlor, merkte sie nicht mehr. Die Müdigkeit überwältigte sie, trotzdem ihre Wangen von der Sonne des Märztages brannten und in ihren Ohren die Wellen des Ohio weiterrauschten.

Gegen Morgen begann sie zu träumen. Sie saß in der Wohnstube zu Hause wie angeschmiedet auf ihrem Stuhl, dabei brannte es überall lichterloh. Draußen rief die Mutter: „Mary, Mary!" Jetzt prasselten die Flammen in den Dachschindeln, und von draußen

klang das Rufen der Mutter angstvoll und dringend, zugleich so liebevoll, wie es die Träumende zuvor nie gehört hatte.
Mit einem Angstschrei fuhr Mary hoch und war plötzlich hellwach. Sie starrte in eine verwandelte Welt: sie war ja gar nicht zu Hause, und die Mutter, eben noch so nah, war auch nicht da. Nur die beiden indianischen Mädchen atmeten hörbar. Mary beruhigte sich und schlief dem neuen Tag entgegen.

II

Der März ging dem Ende zu, als Mary in dem kleinen Indianerdorf eintraf. Der Ort lag ungefähr eine Tagereise von Fort Du Quesne an einem kleinen Flüßchen, das hier in den Ohio mündete. Es nannte sich Fischbach. In dem Winkel zwischen dem großen Strom und dem kleinen Fluß war der Wald niedergelegt; die ansteigende Uferterrasse trug nur einzelne riesige Buchen und Ahorne, dazwischen schlanke Birken. In ihrem Schutz versteckten sich die Hütten des Dorfes. Dann kam freies Feld, in langen Hügelwellen auf- und abwiegend, und ganz in der Ferne schloß schließlich ein dunkler Waldrand die Welt ab.

Es konnte noch nicht lange her sein, daß sich hier Menschen niedergelassen hatten, denn in den Äckern sah man noch Stubben und Wurzeln in Menge, und am fernen Waldrand türmten sich verdorrte, durcheinandergefallene Stämme zu einem wüsten Verhau. Langsam nur wich der Wald, der vor dem Menschen allein hier geherrscht hatte. Im Dorf freilich rauschten noch einige mächtige Baumkronen. „Es sind Buchen, sie schützen gegen den Blitz", meinte Rotschwingenamsel.

Und gleich bei der Maisraufe, wo der Pfad in die Äcker abbog, da stand ein Kastanienbaum, ebenso hoch und breit, ebenso voll dicker, klebriger Knospen wie die Kastanie zu Hause! Mary stockte der Atem, Tränen traten in ihre Augen, als sie jetzt den Baum von nahe sah: da stand ja der einzige Freund, der ihr vom Marsh Creek nachgelaufen war! Sie lehnte sich zärtlich an die rissige Borke und blickte hinauf durch das verästelte Gezweig zum Himmel empor. Weißglänzende Wolkenschiffe segelten geradewegs in das Blaue hinein und es sah aus, als kämen sie auch vom Marsh Creek. Aber Mary blieb keine Zeit zum Schauen und Beobachten. Die beiden Indianerinnen drängten sie zum Fluß hinunter.

Unten am Ufer rauschten Schwärme von Enten empor, fächerten über das Wasser, um rauschend wieder in das Ufergebüsch und das zartgrünende Schilf einzufallen.

„Jetzt ziehen wir alle drei unsere Kleider aus und baden im Fluß", sagte Amsel befehlend, so daß Mary nicht zu widersprechen wagte, obwohl sie schon jetzt bei dem Gedanken fror. Die beiden Indianerinnen nahmen Marys Sachen, zerrissen sie in kleine Stücke und warfen sie in den Strom. Dann holten sie aus einem binsengeflochtenen Korb einen weißgegerbten hirschledernen Rock, eine lange Jacke und eine Art Hose aus Stoff, bunte Mokassins, alles funkelnagelneu.

„Nachher kannst du das anziehen", sagte Rotschwingenamsel und zog Mary ins Wasser. Dem Mädchen stockte der Atem, und sie staunte, wie die Indianerinnen an ein Bad zu dieser Jahreszeit gewohnt waren. Nachdem Mary gründlich abgerubbelt war, durfte sie in die Kleider schlüpfen.

Erst jetzt sah sie die blau und rot gestickten Ränder an Rock, Hose und Jacke und die Sterne und Halbmonde auf den Mokassins. Und wie weich der lederne Rock war! Ihre Augen strahlten. So schöne Sachen mit bunten Stickereien hatte sie noch nie gesehen. Für schmückende Handarbeiten war keine Zeit in ihrem Elternhaus gewesen.

Nun ging es zurück zum Dorf, aber nicht in die kleine, sondern in die größte Hütte. Dort mußte sich Mary neben dem Feuer auf ein Bärenfell setzen. Auf einmal füllte sich der Raum mit Indianerinnen; es war, als kämen die Frauen des ganzen Dorfes.

Auf ein Kommando stimmten alle ein fürchterliches Heulen und Schreien an. Sie schlugen an ihre Brust, rauften sich die Haare, weinten und schluchzten. Der Mittelpunkt ihrer mimischen Szene war das weiße Mädchen; bald näherten sie sich ihm mit wild trauernden Gebärden, bald entfernten sie sich wieder.
Mary erschrak, und im ersten Augenblick schloß sie entsetzt die Augen. Wurde sie am Ende doch verbrannt, wie es der junge Mann prophezeit hatte? Da drängte sich Rotschwingenamsel heran und flüsterte: „Ängstige dich nicht, es geschieht dir nichts."
Eine Vorbeterin begann eine lange Litanei, die von den anderen in rhythmischen Absätzen wiederholt wurde; für Mary unverständlich wie ihr ganzes Gebaren.
Aber auf einmal änderte sich die Szene. Ein fröhliches Lied erklang. Alle Indianerinnen tanzten um Mary herum, und ihre Gesichter strahlten vor Freude. Endlich zogen alle langsam an ihr vorbei, streichelten sanft ihr Haar und sagten dabei „Dehewämis". Dann verließen sie das Haus.
Die jüngere der beiden Schwestern sah Marys fragenden Blick und erklärte ihr die Zeremonie. Sie sei soeben adoptiert und in den Stamm aufgenommen worden an Stelle eines Bruders, der vor einem Jahr im Krieg gegen die Langen Messer gefallen sei. Um einen Ersatz für den Toten zu bekommen, seien sie den Ohio hinauf zum Fort Du Quesne gefahren. Zwar hätten die Franzosen ihnen keinen männlichen Gefangenen überlassen, den sie als neuen Bruder mit nach Hause hätten nehmen können, sondern nur ein Mädchen: eben sie, Mary.
Dann ergänzte Amsel weiter: „Das Weinen und Schreien der Frauen hat dem toten Bruder gegolten, die Freude aber der neuen lieben Schwester! Du trittst nun an die Stelle des Dahinge-

gangenen. Mit dem Wasser des Ohio ist alles weiße Blut aus deinen Adern gewaschen, mit dem Zerreißen der Kleider ist jede Bindung an deine frühere Familie getrennt. Dein neuer Name ist: Dehewämis, ‚Zierliches Mädchen'."

Jetzt trat auch Elchkuh herzu: „Du bist nun unsere leibliche Schwester geworden, und unsere Mutter ist auch deine Mutter." Amsel übersetzte ihre Worte.

Mary sagte nichts. Sie dachte nach. Die Hoffnung, bald wieder mit ihren Eltern vereint in die alte Heimat zu kommen, schien ihr immer kleiner. Plötzlich tauchten auch ihre Leidensgefährten vor ihr auf, der Ritchersjunge und der halbwüchsige Mann. Wo mochten sie sein? Ob sie über Kanada ausgetauscht wurden?

Schweigend gingen die Schwestern zu ihrem Wigwam, wo sie ein Festmahl bereiteten. Während Elchkuh einem Hasen das Fell abzog und Rotschwingenamsel drei kleine Fische auf den Rost legte, bat sie Mary, etwas dürres Holz vom Waldrand zu holen.

Ihr neuer Name „Dehewämis" klang ihr noch in den Ohren, als sie vor die Tür trat. Immer mehr merkte sie, welch ein fremdes Gesicht die Umwelt trug. Indianermädchen liefen ihr nach und redeten eifrig auf sie ein. Aber Mary vermochte den fremden Lauten keinen Sinn abzugewinnen. Es klang ganz melodisch, aber es klang eben nur und so suchte sie, durch schnelleres Laufen ihren Begleiterinnen zu entkommen.

Es gelang ihr auch, bald stand sie allein bei der Kastanie und bei der Maisraufe. Die sah genau aus wie eine Pferdekrippe mit einem kleinen Dach, das den Regen abhielt. Darin lag kein Heu, sondern eingepackte Maiskolben warteten darauf, von oben her allmählich abgeräumt und in der Küche verbraucht zu werden. Mary roch hinein.

Wie ein heranwachsendes Kind mußte sie sich diese neue Welt erobern, eine Welt voll unbekannter Gerüche und Klänge, Geräte und Arbeiten, Gebärden und Worten, eine Welt, in der sie noch mühsam umherirrte, ehe ihr das tägliche Leben des Dorfes vertraut wurde.

Als sie ihren Korb mit dürrem Holz gefüllt hatte, eilte sie wieder den Hütten zu, die alle aus dem zausigen Bindewerk und Rindenplatten über einem Stangengerüst gebaut waren. Das einschläfernde Rumpeln der Maismörser und das helle Geschrei der Kinder, die alle ihren indianischen Namen riefen, begleitete sie bis zur Tür ihres Wigwams.

Schnell kroch Mary mit ihrem Korb durch die Mattentür, und der warme Atem des halbdunklen Raumes umschloß sie. Hier fühlte sie sich geborgen, hier war ihr schon alles vertraut und heimelig durch das ständig glimmende Feuer in der Mitte. Es gab zwar weder Tisch noch Stühle, nur die Schlafplätze, mit Fellen belegt, an den Wänden der Hütte.

Es gab hier auch keine ewig streitende und zankende Betsy; die Stimmen der Schwestern klangen dunkel und sanft. Die ältere, die fast ihre Mutter sein konnte, sprach wenig. Nicht nur, weil sie kein Englisch konnte und deshalb kaum etwas von den Gesprächen der beiden Mädchen verstand, sondern weil eine stille Ruhe zu ihrer Art gehörte. Auf ihrem breiten Gesicht lag stets ein Abglanz von Zufriedenheit und Wohlwollen. Ihre harten hornigen Hände verstanden es, zart und vorsichtig zuzufassen, und oft streichelten sie liebevoll Marys wilde Haarmähne.

Rotschwingenamsel war gerade das Gegenteil. Sie redete gern und ließ keine Gelegenheit vorübergehen zu einem hellen, glucksenden Lachen. Auch jetzt, als sie zuviel Holz nachgelegt

und die emporzüngelnden Flammen fast die Fische verbrannt hätten, spitzte sie ihre Lippen zu einem melodischen Flöten.
Während Elchkuh die Fische noch gerade vor dem Schwarzwerden rettete, wollte sie sich ausschütten vor Lachen und Mary mußte mitlachen, denn Amsels Geglückse steckte an. Und das Lachen hallte im Herzen des einsamen Mädchens nach und wurde zum Echo einer ersten Freundschaft.
Elchkuh ertrug die Neckereien ihrer Schwester mit einer Sanftmut ohnegleichen. Weder Rotschwingenamsel noch Mary bekamen je Scheltworte von ihr zu hören, noch weniger teilte sie Schläge aus, wie man sie am Marsh Creek gewöhnt war. Vielmehr tat die ältere Schwester alles, um der neuen Schwester das Leben leicht zu machen.
Als Mary klagte, ihr Kopf läge zu niedrig, stopften Elchkuhs flinke Hände einen weichen, halbgefüllten Hasenbalg unter ihren Nacken.
Aber wie staunte Mary erst, als sie eine richtige Puppe auf ihrem Schlafplatz fand. Das kleine Mädchen hatte in ihrem Wachsgesicht dunkle Augen, auf dem Kopf schwarze Haare und trug fast die gleichen Kleider wie sie selbst, dazu noch winzige bestickte Mokassins. Mary mußte zuerst lachen, denn schon seit mehreren Jahren spielte sie nicht mehr mit Puppen. Elchkuh hielt sie wohl für viel jünger. Aber als sie den enttäuschten, fast traurigen Blick Elchkuhs sah, lief sie zu ihr hin, schlang ihre Arme um sie – die still am Feuer saß – und legte ihre Wange fest an das gute rotbraune Gesicht. So verstanden sie sich ohne Worte.
Schon nach kurzer Zeit fühlte sich Mary in dem Wigwam bei den beiden Schwestern heimisch. Nur sobald sie die Hütte verließ, trieb sie in einer Welt unverstandener Laute, fühlte sie sich in der

Fremde. Rotschwingenamsel wäre für Mary die gegebene Lehrerin gewesen, weil sie ja beide Sprachen, das Englische und das Indianische konnte. Aber leider war sie viel zu ungeduldig und zu zappelig, vielleicht auch noch zu kindlich. Bei jedem Fehler Marys kicherte sie, anstatt ihn zu verbessern. Und wurde die Schülerin schließlich mißmutig und weinerlich, dann hatte die fröhliche Lehrerin die drolligsten Vergleiche zur Hand: „Bär am Ende des Winters, wenn der Schnee schmilzt, leer und mager, aber Bär im Herbst voll und dick. Du bis zum Herbst auch voll und dick von neuer Sprache.“ So endete jeder Unterricht mit Gelächter.

Nein, so ging es nicht weiter. Eines Tages schaltete sich Elchkuh ein. Wenn Mary eine Arbeit verrichtete, dann drückte die neue Lehrerin dies auf indianisch aus. Sie ließ Mary ein und denselben Satz immer wieder hersagen, verbesserte sorgsam und geduldig, bis die Lautfolge richtig war. So fuhr sie fort bei jeder Gelegenheit, wenn sie zusammen Holz holten, oder Wasser schöpften, oder Maiskolben körnten.

Mary merkte selbst, daß sie Fortschritte machte und lernte mit Feuereifer. Ihr unverbrauchtes Gedächtnis half ihr, und so war auf einmal der Augenblick da, wo die weiße Schwester einen Satz verstand und nicht nur hörte. Sie begriff plötzlich, was die ältere zur jüngeren Schwester sagte, daß nämlich Wasser geholt werden müsse. Flugs griff sie nach dem Kupferkessel, eilte zum Ufer hinunter und kehrte mit dem glucksenden, schwappenden Wasser zurück. Die beiden Indianerinnen freuten sich, streichelten und umarmten das Mädchen abwechselnd.

Von da ab ging es schneller mit dem Sprechen. Es war, als ob sich für Mary eine Tür geöffnet hätte, die den Blick frei gab in eine neue Welt. Auch die ältere Schwester begann nun zu erzählen,

Dinge, die bis jetzt hinter der rotbraunen Stirn verborgen waren und die Rotschwingenamsel nie erwähnt hatte.

Die beiden Schwestern stammten nämlich nicht von hier, sie gehörten, wie die meisten Familien des Dorfes, zu den Seneca-Irokesen, die weit oben im Norden ihre Heimat hatten, an einem großen Wasser, dem Ontario-See.

„Aber, was macht ihr denn hier?" wollte Mary wissen. „Weshalb wohnt ihr nicht bei eurer Familie im Norden?"

Auf diese Frage verstummte Elchkuh. Ein resigniertes und trauriges Schweigen breitete sich aus, das nicht einmal Rotschwingenamsel zu unterbrechen wagte.

Nachher beim Holzholen bat Amsel Mary inständig, danach nicht mehr zu fragen. Elchkuh habe vielen Kummer durchgemacht, es hinge mit einem weißen Gefangenen zusammen, den die Schwester zärtlich geliebt habe. Als der Gefangene mit ihrer Hilfe geflohen sei, mußte auch Elchkuh fort, denn die Häuptlinge waren zornig. Genützt hatte dem Gefangenen die Flucht nichts, denn er ertrank dabei in einem hoch angeschwollenen Bach, den er überqueren mußte. „Da bin ich mit Elchkuh fortgegangen, damit sie nicht allein blieb."

Ganz klar wurden Mary diese verwickelten Geschichten aus Amsels eiligen Erzählungen nicht, aber soviel verstand sie: die beiden Schwestern wohnten getrennt von ihrer Familie, weit ab von ihrem Heimatdorf hier in der Fremde.

„Hier erinnert Elchkuh nichts mehr an ihre Liebe zu dem Weißen, hier vergißt sie, und ... ja, vielleicht findet sie hier eines Tages einen anderen Mann. Dann kehre ich zu meiner Mutter an den Genesee zurück. Das ist der Fluß, dort im Norden, an dem das Dorf meiner Mutter steht", schloß Amsel ihre Erklärung.

„Aber wieso konntet ihr denn hierherziehen? Wohnten hier keine anderen Menschen?"
„Danach mußt du Elchkuh einmal später fragen, die weiß das besser als ich", wehrte Amsel das hartnäckige Bohren Marys ab. „Sie erzählt ja so gern, besonders draußen im Sudhaus beim Zukkerkochen. Dann ist sie immer guter Laune!"
„Im Sudhaus? Beim Zuckerkochen?"
„Ach so, das weißt du noch nicht. Wenn der Saft in die Bäume steigt, dann ziehen wir in den Ahornhain an dem kleinen See, ein Viertel Tagesmarsch flußaufwärts. Da zapfen wir die Stämme an und kochen den Saft dick ein. Hast du denn noch nie ein Stück Ahornzucker gelutscht?"
Dunkel entsann sich Mary einer braunen Tafel süßen Kristalls, die zu Hause einmal die Mutter statt des Honigs gebraucht hatte. „Das ist Ahornzucker", hatte es damals geheißen.
„Ist denn das Zuckerkochen schon vorbei oder kommt es noch?"
„Das hätte schon längst sein müssen, aber in diesem Jahre ist alles so spät. Vielleicht morgen, vielleicht übermorgen, vielleicht wenn die Bären aus ihren Höhlen kriechen!" Amsels Gelächter nahm wieder einmal kein Ende.
‚Übermorgen' hatte Amsel gesagt, und übermorgen ging es wirklich fort zum Ahornwäldchen. Fast alle Frauen und Kinder zogen mit, auf dem Rücken Rindenrollen, Decken, Holzlöffel mit langen Stielen und große Holzschüsseln.
Der Weg zu Jollys am Marsh Creek entlang konnte nicht schöner sein als dieser Pfad, der sich bald nah, bald ferner vom Fischbach durch die frühlingsüberhauchten Wälder zog. Grünverschleierte Birken standen fröhlich zwischen düsteren Fichten, im Uferschilf quarrten tausend Stimmen, Schwärme bunter Enten ruderten auf

dem eiligen Wasser, und tief im Walde hämmerten die Spechte und gurrten die Tauben.

Der Ahornwald hatte kein Unterholz. Dafür duckten sich unter den mächtig verflochtenen Kronen eine Menge dunkler, vom Winter zerfetzter Wigwams. Mitten darin stand ein Blockhaus aus waagerecht liegenden Stämmen gezimmert, wie Mary es kannte. Eine große offene Tür gähnte finster in der Längswand. „Das ist unser Sudhaus, darin kochen wir den Saft. Ich zeige es dir nachher", erklärte Amsel, „jetzt müssen wir erst unseren Wigwam herrichten."

Damit machten sich die Schwestern über eines von den zerzausten Gestellen her. Sie fegten das alte Laub hinaus, deckten das Gestänge mit Rinden und legten den Boden mit Matten aus. Im Nu stand das Häuschen repariert da; eine nette, kleine, enge Wohnung, in der zur Not drei Menschen unterkamen.

Während Elchkuh sich um das Essen kümmerte, liefen Amsel und Mary zum Sudhaus. „Siehst du, das sind die drei Kessel, in denen der Saft gekocht wird!" Die Schwester deutete in den finsteren, etwas unheimlichen Raum, in dem drei mächtige Kupfergefäße standen, schwarz von Staub und Ruß. Auch das Dachgebälk und die Rauchlöcher dunkelten braunschwarz vom Rauch der Sudfeuer unzähliger Jahre. Laub und Gerümpel lagen umher, aber bald kehrten auch hier fleißige Hände den Unrat hinaus.

Doch das war erst der Anfang der Arbeit. Was blieb noch alles zu tun! Mary kam es vor, als würden sie nie fertig. Die großen Jungen mußten das Holz heranschaffen, trockene Prügel und dicke Äste stapelweise. Die Mädchen scheuerten die Kessel und knifften kleine Rindengefäße, so dicht, daß kein Tropfen hindurch kam. Die älteren Frauen prüften noch einmal die Holzschüsseln, in die der heiße Sirup gegossen wurde. Dann gingen sie mit kleinen Beilen von Stamm zu Stamm, hieben Kerben in die Rinde und schlugen spitze Holzpflöcke in den Baum, gerade da, wo die schräg abwärts laufenden Kerben zu Ende gingen.

Dann durften die Mädchen die Rindengefäße an die Pflöcke hängen. Sie taten es vorsichtig und ein wenig feierlich.

Mary sah, wie der Saft hervorsickerte, und wie Tropfen für Tropfen in die Rindentöpfchen fiel, erst langsam, dann schneller. Nun galt es, die Behälter zu überwachen. Es durfte keiner überlaufen; die vollen mußten ins Sudhaus getragen werden, und die leeren rechtzeitig an den Pflöcken hängen, damit nichts verlorenging.

Mary half eifrig, so gut sie konnte. Sie kontrollierte fünf mächtige schwarze Ahorne, die am Rand des Hains standen. Sie hörte die Kinder im Walde toben und die Jungen Holz hacken. Aus der Tür des Sudhauses leuchtete der Schein der Kochfeuer. Gelächter und Rufe der Frauen hallten herüber.

Mary brachte ihre beiden ersten randvollen Töpfchen. „Vorsicht, paß auf!" schrie auf einmal eines der größeren Mädchen und versetzte Mary einen Puff. Die Rindenbehälter schwappten über, und fast die Hälfte des Inhalts ergoß sich auf den Boden.

Erschrocken blickte Mary auf. Ah, das war wieder dieses abscheuliche Ding mit den vorstehenden Backenknochen, das sie schon so oft geneckt hatte!

Rotauge hieß es und wohnte bei der Maisraufe. Immer wenn sie an der Maiskrippe vorüberkam, hatte Rotauge etwas hinter ihr hergerufen! Bedrückt ging sie zum Sudhaus weiter. „Wo bleibst du denn, schnell in den Kessel damit, und rasch noch mehr! Der Kessel muß voll werden!" rief Elchkuh.

Mary rannte wieder los, und wieder wurde sie auf dem Rückweg

von Rotauge angestoßen. Dieses Mal wich sie rechtzeitig zurück, aber nun triefte der Saft über ihren hirschledernen Rock; der bunte, gestickte Saum wurde braun. Mary weinte fast.
Sie stotterte einige zornige Worte, aber Rotauge umtanzte sie wie besessen. „Ich stoße dich so lange, bis du mir dein Tuch gibst“, schrie sie. Mary überlegte. Ach, die meinte das bunte, französische Wolltuch! Eilig riß sie es vom Halse und warf es Rotauge hin. Das häßliche Mädchen griff gierig danach und verschwand zwischen den Stämmen.
Von nun an hatte Mary Ruhe, aber am Abend entdeckte Elchkuh, was der Schwester fehlte. „Wo hast du denn das bunte Tuch gelassen, das von Fort Du Quesne mitgebrachte?“
Mary wollte zuerst nicht mit der Sprache heraus, aber dann brach es doch aus ihr hervor, alles was sie gegen Rotauge auf dem Herzen hatte: die Schimpfworte, das Ausschwappen der Rindentöpfchen, das erzwungene Geschenk des Wolltuches.
Elchkuh hörte sich die Klagen an. Dann verließ sie den Wigwam und kehrte nach einiger Zeit mit dem Tuch wieder. „Ich habe mit Rotauges Mutter gesprochen; ihre Tochter mußte das Geschenk wieder hergeben.“
Halb beklommen dankte Mary. Ob ihr Rotauge das vergessen würde? Doch der nächste Tag lief hin, ohne daß sie Rotauge sah.
Am Abend wurde sie zum Rühren eingeteilt. Die braune Masse kochte, dicke Blasen zerplatzten auf der brodelnden Oberfläche, unablässig mußte jetzt gerührt werden, damit der Sirup nicht ansetzte und die richtige Dicke bekam. Danach schüttete man ihn vorsichtig in flache Holzschüsseln und ließ ihn zu einer glasigen braunen Masse erstarren. Doch so weit war es noch lange nicht!

Mary bewegte den langen Holzlöffel gleichmäßig, immer nach einer Richtung, wie es ihr Elchkuh gezeigt hatte. Am Nebenkessel rührte Rotauge, doch Mary tat, als sähe sie die Nachbarin nicht.

Einer von den großen Jungen mit dem Namen Hirschhorn hielt die Feuer im Gang. Mary plauderte mit ihm fröhlich darauf los, denn Hirschhorn war immer sehr freundlich zu ihr gewesen und hatte einmal sogar die Kinder fortgejagt, die fragend und schreiend auf Mary eindrangen. Er wohnte im Dorf gleich neben dem Wigwam der Schwestern bei seinem Onkel und seiner Tante. Amsel hatte irgendwann einmal flüchtig erwähnt, Hirschhorn sei Waise. Mehr wußte Mary von ihm nicht. Jetzt war sie froh, ihn hier zu haben.

Ein brennender Schmerz durchzuckte sie plötzlich: Rotauges langer Löffel war blitzschnell herübergefahren und hatte von dem kochenden Saft auf Marys Hände gespritzt. Mary hatte es gesehen, trotz des unsicheren Flackerlichtes der Feuer, aber Hirschhorn hörte nur den gellenden Schmerzensschrei. „O weh, da bist du aber unvorsichtig gewesen!"

Im Nu schabte er mit einem Hölzchen die glühende Masse ab – die Haut ging in kleinen Fetzen herunter –, dann drückte er die Weinende auf einen Holzklotz. „Warte, ich bin sofort wieder da!" Einen Augenblick später fühlte Mary etwas Kühles auf ihren Wunden, dann rannte Hirschhorn zum zweitenmal fort und kehrte mit Birkenbast zurück, den er sorgsam um die verbrannten Stellen wickelte.

Schließlich brachte er das Mädchen auch noch zum Wigwam der Schwestern. „Sie hat sich verbrannt; ich habe eine Salbe darauf gestrichen, die mein Onkel aus Entenfett und siebenerlei Kräutern kocht und die gegen Blasen hilft."

Elchkuh und Amsel bedankten sich vielmals: „Wir hätten das selbst nicht besser machen können."
Eine innere Stimme warnte Mary davor, noch einmal über Rotauge zu klagen, und so ließ sie die Schwestern in dem Glauben, sie selbst sei beim Rühren unvorsichtig gewesen.
In diesem Frühling war die Arbeit für sie zu Ende. Sie konnte nur noch im Sudhaus sitzen und den anderen zusehen und zuhören. Rotauge ließ sich nicht mehr blicken: sie hatte wohl ein böses Gewissen.
Wie schön wurden jetzt die Abende, wenn die Feuer knisterten, die Kessel brodelten und ab und an ein Löffel voll Sirup draußen abgekühlt und probiert wurde. Und alle Schmerzen der verschwollenen Hände verschwanden, sobald Elchkuh zu erzählen begann. Sonderbare Dinge klangen da an Marys Ohr.
„Im Anfang der Welt fiel eine Frau vom Himmel, die hieß Awenhai. Sie bekam eine Tochter, und diese Tochter gebar Zwillinge: einen guten mit Namen Ahornbäumchen und einen bösen mit Namen Feuerstein."
Mary sah in Gedanken die hohen Backenknochen Rotauges vor sich; o ja, sie wußte nur zu gut, daß es solche Feuersteine gab!
„Alle guten Werke Ahornbäumchens machte der böse Bruder zunichte. Nur einmal glückte es nicht, und das kam so. Als Ahornbäumchen einst über die Erde wanderte, da kam er an ein Seeufer. Nicht weit davon sah er Feuerstein eine Brücke von Eis bauen, die sich schon weit hinaus ins Wasser erstreckte. Ahornbäumchen fragte den Bruder: ‚Was baust du da?'
Feuerstein erwiderte: ‚Ich baue einen Weg für mich.' Er wies dabei in die Richtung, in welcher er seine Brücke baute und setzte hinzu: ‚Dort hinaus liegt ein Land, in dem große Tiere von unbe-

zähmbarer Wildheit hausen. Sobald ich meine Brücke nach jenem Lande fertig habe, werden sie den See überschreiten und herüberkommen, um über die Menschen herzufallen.'

Ahornbäumchen erwiderte: ‚Höre auf mit deiner Arbeit; wahrhaftig dein Sinnen ist böse.'

Aber Feuerstein wehrte sich: ‚Ich denke nicht daran aufzuhören. Gut ist's, wenn die großen Tiere herüberkommen und die Menschen fressen!'

Er hörte also nicht auf, an der Brücke weiterzubauen. Da kehrte Ahornbäumchen um und wandte sich wieder dem Festland zu. An der Küste wuchsen Büsche. Er erblickte da auf einem Zweig einen von den Vögeln, die wir jetzt Blauvögel nennen. Ahornbäumchen sprach zu ihm: ‚Töte eine Grille, reiß' ihr ein Hinterbein aus, nimm es in den Schnabel und fliege zu dem Orte, wo Feuerstein am Werke ist. Dort laß' dich nieder und schreie laut auf!'

Der Vogel sagte: ‚Gut, ich werde tun, was du sagst.' Er ging auf die Suche, fing eine Grille, riß ihr ein Bein aus und nahm es in den Schnabel.

Dann flog er zu der Stelle, wo Feuerstein die Brücke baute, setzte sich ganz in seiner Nähe nieder und schrie: ‚Kwe, kwe, kwe, kwe!'

Feuerstein blickte auf und bemerkte den Vogel, der plötzlich immer größer wurde. Hinsehen und wähnen, daß Blauvogel den Schenkel eines Menschen im Schnabel halte, war eins. Da erschrak Feuerstein so, daß er entfloh. Ebenso schnell wie er davonstob, zerschmolz auch die Brücke, die er gebaut hatte!"

Mary verstand die Erzählung nicht ganz. Die Frau, die da vom Himmel fiel; der gute und der böse Zwilling – das blieb ihr alles

so fremd und fern wie die Sprache der Indianer, die für sie zuerst auch nur aus unverständlichen Lauten bestanden hatte.
Doch Elchkuhs Erzählungen brachten die anderen Frauen zum Reden. Jede wußte jetzt etwas: Geschichten von den Ohreulen, die hinter der Maiskrippe in den hohlen Bäumen wohnten; von Irrlichtern, die neben dem Fischbach abends tanzten; von dem Bären, der keine Höhle für den Winter fand und einfach im Sudhaus sich einrichtete für die kalte Zeit; es riß gar nicht mehr ab mit den Geschichten.
Gegen Schluß des Zuckersiedens, als die braunen, harten Zuckerkuchen schon in Stapeln an den Wänden des Sudhauses lagen, fanden sich auch die Männer aus dem Dorf ein. Sie wollten nicht etwa helfen, denn Zuckerkochen war Frauensache, aber die gemütlichen Abende im Sudhaus zogen sie an. Und die meisten hatten selbst viel zu erzählen.
Ihr Erscheinen hatte auch noch einen anderen Grund, denn am letzten Tage feierten alle den Ahorndank. Elchkuh, Amsel und Mary gingen mit den übrigen zu einem dicken Ahorn etwas außerhalb des Haines. Ein kleines Feuerchen brannte zwischen den Wurzeln des Baumriesen. Der Häuptling des Dorfes, ein noch junger Mann mit Namen Geier, sprach lange. Mary begriff nicht viel von seinen Worten, aber auch ihr teilte sich ein andächtiges Gefühl mit, als Geier Tabak ins Feuer warf und der blaue Rauch seine langsamen Sätze mit nach oben nahm:

„Nehmt diesen Rauch, ihr Wälder!
Wir bitten euch fortzufahren wie zuvor
Mit dem süßen Wasser des Ahorn!
Nun danken alle Versammelten!

Der Schöpfer faßte den Entschluß,
Daß der Ahorn Hilfe sein sollte für die Menschen auf Erden.
Nun danken wir dem Schöpfer, daß seine Gedanken in Erfüllung gingen!"

Mary fühlte, daß auch hier das Lob des Schöpfers erklang, mit anderen Worten, aber mit derselben Hingabe wie in ihrem Elternhause.
„Jetzt tanzen wir noch", flüsterte Amsel, als der Rauch verweht und das Gebet verklungen war.
„Tanzen? Ja was denn?" wollte Mary wissen.
„Die Männer tanzen meist den Waschbären- und Büffeltanz, und wir den Tanz der Enten und des Bäumeschüttelns!"
Als die Frauen begannen, schob die Schwester Mary einfach in die lange Reihe, die sich im Kreis um den Baum bewegte, rhythmisch die Füße hebend und senkend. „Achte nur auf die Schritte der anderen", ermutigte Amsel, und wirklich: bei dem scharfen Takt von Rassel und Klapper ging es von selbst! Die häßliche Rotauge, die sie gewiß wieder angestoßen hätte, tanzte weit weg, an einer ganz anderen Stelle im Ring. Was konnte schon geschehen, solange Amsel und Elchkuh bei Mary waren?
Am nächsten Tage zogen sie schwer beladen nach Hause zurück; für dieses Jahr hatte das Dorf Zucker genug.

III

Nach der Zuckerernte gewann die Sonne an Kraft. Ein grüner Schleier überzog die Birken. Leer und kahl tauchten die Äcker aus den Regenpfützen. Noch zeigte sich kein grünes Hälmchen zwischen den dunklen Erdkrumen, nur Maisstrünke vom Vorjahre streckten überall ihre kurzen Enden hervor. Aber der Fischbach schoß so eilig dem großen Bruder zu, als könne er nicht schnell genug im Ohio aufgehen, als erwarte er etwas ganz Neues, einen Wandel von Grund auf.

Die Dorfleute hatten ungeduldig das Vorrücken des Jahres beobachtet; die Frauen wollten ihre Äcker bestellen und die Männer die Erträge ihrer Winterjagd zur Handelsstation bringen.

Eines Morgens, als die Marschringelblumen mit ihren goldenen Kelchen die Sumpfwiesen sprenkelten, zogen die Schwestern mit Säckchen voll Mais, Bohnen und Kürbis hinaus auf die Felder.

„Du bleibst hier, besorgst Wasser und Holz und reinigst unseren Wigwam", sagte Elchkuh zu Mary. Und so blieb das Mädchen allein zu Hause.

Verlassen und einsam kam sich Mary in der dunklen Hütte vor. Während sie ihre Arbeit verrichtete, weinte sie ununterbrochen. Das Heimweh hatte sie erfaßt. Wo mochten die Eltern, wo Betsy sein? Ob die Soldaten einen neuen Versuch machen würden, um das große Fort zu erobern? Würden sie wieder geschlagen, wie damals Braddock, dann käme sie nie zu ihren Eltern, zu ihrem heimatlichen Blockhaus zurück.

„Nein, das darf nicht sein!" sagte sie sich und begann zu beten. Dann sagte sie alle Gedichte und Lieder auf, um den Klang ihrer

Muttersprache wieder zu hören. Das gab ihr Kraft und Hoffnung.

Als sie mit ihren Wassergefäßen zum Dorf hinausging, begegnete ihr Rotauge. Das große, grobknochige Mädchen rief ihr einige indianische Worte nach, die sie nicht verstand. Dabei lachte Rotauge aus vollem Halse.

Wahrscheinlich macht sie sich über mein verweintes Gesicht lustig, dachte Mary und eilte dem Fluß zu. Dort setzte sie sich auf einen Baumstamm. Um sie herum hüpften Amseln und oben in den Baumzweigen zwitscherten bunte Vögel, die sie am Marsh Creek nie gesehen hatte. Während sie Wasser schöpfte, dachte sie an die Worte der Mutter: „Warte, bis die Engländer die Franzosen besiegt haben, dann wirst du sicher ausgetauscht." War es bald so weit?

Mary nahm sich fest vor, alles zu behalten, was die Mutter sie gelehrt hatte. Die Lieblingsmelodie der Mutter, ein Volkslied aus Schottland, fiel ihr wieder ein. Und auf einmal sang sie mit heller Stimme: „Mein Herz ist im Hochland, mein Herz ist nicht hier . . ."

Ja, ihr Herz war nicht hier bei den Indianern; es war doch eine zu fremde Welt, in die sie plötzlich versetzt war. Sie sang alle Strophen und schnürte dabei Reisigbündel zusammen. Als sie wieder aufblickte, standen wie aus dem Boden geschossen Elchkuh und der Häuptling vor ihr. Sie hörte, wie der Geiergesichtige schimpfte. Dann lud man ihr so viele Reisigbündel auf den Rücken, wie nur daraufgingen, und in jeder Hand mußte sie noch ein Gefäß mit Wasser tragen.

Auch Elchkuh bepackte sich schwer mit Holz, während der Häuptling mit leeren Armen und Händen gewichtigen Schrittes voran-

ging. Schweigend erreichten sie das Dorf, und schweigend trennte sich das Geiergesicht von ihnen.
Zu Hause ermahnte Elchkuh die neue Schwester, keine englischen Worte mehr zu sprechen oder zu singen, und sie gab sich Mühe, Mary den Text eines indianischen Liedes zu lehren. Doch damit weckte sie an diesem Tage nur Marys Trotz.
Zuerst stellte Mary sich taub. Aber sie hatte nicht mit der großen Geduld Elchkuhs gerechnet, die immer wieder von neuem begann, abwechselnd singend und sprechend. Als die indianische Schwester immer drängender wurde, platzte es aus Mary heraus: „Ich will nichts hören", schrie sie und hielt sich die Ohren zu.
„Ich will eure indianischen Lieder nicht lernen. Ihr habt uns überfallen! Meine Eltern und meine Geschwister haben euch nichts getan. Weshalb habt ihr uns überfallen?"
„Den Überfall auf euer Blockhaus haben Shawnees verübt, wir Seneca waren nicht dabei", beruhigte Elchkuh die Aufgeregte. Von dem Mädchen löste sich ein Druck, aber sie wollte es noch genauer wissen. „Seid ihr denn nicht mit den Shawnees verwandt?" – „Nein, die Shawnees sind kein Irokesenstamm wie wir Seneca." Nach einer Pause fuhr die gleichmütige Stimme fort, als wollte sie entschuldigen und erklären:
„Du mußt wissen, die Herzen der Shawnees sind bitter geworden, sind hart geworden gegen die Weißen. Zuerst wohnten die Shawnees am Rande des großen Meeres, an einem Fluß, der heute noch nach den Shawnees ‚Savannah' heißt. Die Weißen vertrieben sie von dort. Dann zogen sie an den oberen Teil der Chesapeakebai. Die Weißen vertrieben sie auch von dort. Dann zogen sie an den Delaware, wo der Lehigh mündet, aber die Weißen vertrieben sie auch von dort. Und nun sind sie über die Berge gewandert. Aber

westlich der Blauen Berge wohnen auch schon Weiße. Du weißt ja selbst, daß dort euer Blockhaus stand."
Mary dachte an ihre erste Kindheit. Sie war in Philadelphia geboren, aber dem Vater sagte das Leben und der Beruf in der Stadt nicht zu. So zog die Familie Jemison immer weiter nach Westen, sogar über die Blauen Berge. Sechs Jahre hatte Mary mit ihren Eltern und Geschwistern dort gelebt.
Da Mary nichts sagte, fuhr Elchkuh fort: „Und wohin sollten die Shawnees dann ziehen? Noch weiter nach Westen sind die Pfade verrammelt und mit Dornen bewachsen, denn dort wohnen andere Völker."
Mary sah die indianische Schwester an. Die dunklen Augen der Erzählerin blickten freundlich wie immer, auf dem breiten Gesicht lag Wohlwollen, und doch hatte ein trauriger, fast bitterer Unterton mitgeschwungen.
Mary blieb stumm. Ja, darüber hatte sie noch nie nachgedacht. Manchmal hatte der Vater davon geredet, seine Söhne sollten noch weiter nach Westen ziehen und dort wieder eine Siedlung anlegen. Ja, und wo blieben die Indianer?
Verwirrt stocherte das Mädchen im Feuer herum. Dann trotzte sie noch einmal auf: „Mein Vater und meine Mutter haben niemanden vertrieben, sie wollten nur in Ruhe am Marsh Creek leben."
„Das wollten die Shawnees auch, meine Schwester. Überall wollten sie es, aber überall mußten sie fort, nach Westen, immer weiter nach Westen . . ."
Mary suchte nach einer Antwort, doch da fuhr die sanfte Stimme fort: „Denke nicht zu viel, wir müssen das Leben so tragen, wie der Große Geist es will."

Da hob sich die Mattentür und Rotschwingenamsel trat herein: „Hier drei Karpfen! Für jeden von uns einen, ist das nicht herrlich", sprudelte sie in einem Atemzug hervor.
„Das Feuer brennt schon", freute sich jetzt auch Elchkuh und Mary legte eifrig Reisig nach. Wie staunte sie aber, als die Fische mit den Eingeweiden auf dem Rost gebraten wurden. Amsel hatte nur die Galle herausgenommen, damit sie nicht bitter wurden.
Beim Essen erhellte sich Marys Gesicht wieder, und mit Entzücken blätterte sie das weiße Fleisch von den Gräten.
Am anderen Tag ging eine neue Sonne auf. Wenigstens wollte es Mary später so scheinen, als habe an diesem Tag zum erstenmal ein wärmendes Licht auf der so grundfremden indianischen Welt gelegen.
An den Hüttenwänden hingen eine Menge Maiszöpfe, säuberlich aus Maisstengeln und Maiskolben geflochtene lange Troddeln, die vom winterlangen Rauch ganz schwarz geworden waren. Die Schwestern gingen jetzt im Frühjahr sehr sparsam damit um, denn der Mais mußte ja bis zur Ernte reichen. Noch gab es fast täglich Maispudding oder Maisfladen.
Mary wollte gerade ihr Frühstücksbrot in den Mund schieben, einen flachen handgroßen Fladen, da sprangen plötzlich die Schwestern mit ärgerlichen Rufen auf, griffen nach Stöcken und schlugen auf die Maiszöpfe, die von oben herunterhingen. Dem Mädchen fiel vor Schreck das Brot aus dem Mund: „Was ist denn? Was ist denn?"
Auf einmal fühlte Mary etwas Weiches, Warmes, Haariges in ihrem Nacken; das hüpfte auf ihre Schultern, dann auf ihren Schoß und drängte sich schutzsuchend an sie: ein Eichhörnchen,

wie sie jetzt scharenweise im Wald hungrig umherliefen. Das Tierchen blickte angstvoll zu ihr auf, dann begann es in ihren Ärmel zu kriechen, ein warmer Knäuel von Haaren.

Mary schrie vor Freude, griff vorsichtig nach dem kleinen Gast und setzte ihn wieder auf ihren Schoß. Sie hatte sofort begriffen: das Eichhörnchen war durch die Rauchluke gekrochen und hatte sich hungrig über die Maiszöpfe hergemacht. Im Wald gab es jetzt kaum etwas zu knabbern, und die Maiskrippen waren auch ausgeräumt, weil alle möglichen Tiere sonst von dem Vorrat mitaßen. Und nun saß der ungebetene Gast auf ihrem Schoß und hatte bei ihr Schutz gesucht. Tröstend sprach sie ihm Mut zu und war sicher, daß ihr Eichhörnchen jedes Wort verstand. Dankbar blinzelten die dunklen Knopfaugen zu ihr auf. Aber auf einmal saß es mit einem Satz wieder auf ihrer Schulter. Und husch – segelte es mit einem Riesensprung zum Rauchloch hinaus. Enttäuscht sah das Mädchen dem Schatten nach.

Die beiden Schwestern hatten sich nicht gerührt. Jetzt hockten sie wieder auf ihrer Matte und trösteten die Schwester. „Wenn sie klein sind, lassen sich die Eichhörnchen leicht zähmen", erklärte Amsel, und Elchkuh fügte hinzu: „Sobald wir eins bekommen, darfst du es für dich behalten."

So fing dieser Tag an und er brachte noch mehr Erlebnisse für Mary. Elchkuh holte eine zierliche hölzerne Hacke hervor. „Hirschhorn hat sie für dich aus einem kleinen Bäumchen geschnitzt. Sieh mal, oben am Stiel sitzt ein kleines Vögelchen. Hirschhorn tut alles, worum wir ihn bitten. Aber bei dieser Hacke für dich hat er sich besondere Mühe gegeben."

Mary wurde rot vor Freude. Sie hatte Hirschhorn nicht vergessen und seine Salbe auch nicht.

Dann gingen die Tage wieder gleichmäßig dahin. Mary holte Wasser und Holz und hielt den Wigwam sauber, während die Schwestern auf den Äckern arbeiteten. Einige Male durfte sie auch die Jäger zur Jagd begleiten und mit anderen Mädchen das Wild heimtragen, denn die Männer trugen nichts außer Pfeil, Bogen und Köcher. Der Häuptling besaß sogar eine alte französische Flinte, die aber unter dem Gelächter aller oft versagte. Mary überlegte: Es mußte Ende Mai sein, denn die Maishalme standen knöchelhoch und das Unkraut mußte beseitigt werden. Bis jetzt hatten die Schwestern Mary niemals auf das Feld mitgenommen. Heute durfte sie das erste Mal mit ihrer neuen Hacke hinausgehen.

Als die drei aus der Hütte traten, strebten schon von allen Seiten die Frauen den Äckern zu. Am unteren Rain, gleich bei dem Kastanienbaum, wo der Hang sich allmählich hochschwang, bildeten sie eine lange Linie. Mary stand zwischen den beiden Schwestern und auf einen lauten Jauchzer hin begannen alle vorzurücken, langsam und bedächtig, fast in einem bestimmten Rhythmus.

Der Mais stand nicht in dichter Masse, wie es Mary von zu Hause gewohnt war, breitwürfig ausgesät, sondern zu sieben oder acht Halmen zusammen auf einem Hügelchen, so groß wie ein Maulwurfshaufen. Erst einen großen Schritt weiter kam ein neues Hügelchen. Dazwischen wuchs Unkraut. Mary hackte tapfer drauf los: das Zeug mußte mit der Wurzel ausgehoben werden, dann vertrocknete es in der Sonne. Die Schwestern freuten sich über Marys Eifer und lachten. Sie zeigten ihr kräftige eirunde Blättchen zwischen den Maishügeln. Dort keimten Kürbisse. Und die zarten Ranken, die sich um die hellgrünen Maisspitzen legten, waren auch kein Unkraut, sondern Bohnen.

O ja, Mary mußte achtgeben und sorgsam arbeiten. Aber ab und an sah sie doch zum Himmel empor und auch den Hang hinauf, wo die grüne Saat unter dem warmen Licht zu tanzen schien. Auch die Frauen hasteten nicht bei der Arbeit; Lachen und Jauchzen klangen durch die Morgenstille. Ein Summen lief die lange Reihe entlang, als Rotschwingenamsel zu singen anhob:

Ah ya, großer Mais wächst dort,
Mais, aus Awenhais Hütte gefallen,
Mais, aus Wirbelwinds Brust gewachsen!
Ah ya, großer Mais wächst dort,
Kleiner Mais wächst hier!

Alle fielen ein in den Gesang und Mary verstand jedes Wort, wenn auch nicht den Sinn. Ein zaghaftes Glücksgefühl durchrieselte sie. War es, weil sie mitsprechen konnte, oder war es die in der Sonne flimmernde, tanzende Saat, oder war es der auf- und abwiegende Rhythmus des Hackens?
So summte sie mit: „Großer Mais wächst dort. Kleiner Mais wächst hier", und auf einmal jauchzte sie sogar genau wie Rotschwingenamsel. Und die Erde und das warme Licht jauchzten mit, und selbst vom Kastanienbaum her schallte Antwort.
Mary spürte die Mühe kaum; die kleine Hacke lag so leicht in der Hand, und die allgemeine Fröhlichkeit beflügelte sie.
Nach der Mittagspause konnte Mary nach Hause gehen; sie sollte dieses Mal das Essen vorbereiten. Nun, sie würde es schon schaffen, das Essen auch zu kochen. Sie hatte ja einen ganzen Hasen, den sie erst häutete und dann in Teile schnitt. Gestern war er aus der Jagdbeute verteilt worden. Sonderbar, was die Jäger ein-

brachten gehörte allen Haushalten. Die Schwestern brauchten sich nicht um Fleisch zu kümmern.
Aber dafür ließ sich auch nie ein Mann auf den Feldern blicken; Feldarbeit war Frauensache. Zu Hause hatten der Vater, John und Thomas gepflügt und geeggt und gemäht, aber das schien hier unmöglich; ein Mann nahm keine Hacke in die Hand.
Mary zappelte schon vor Ungeduld, als die Schwestern endlich kamen. Das Essen erntete großes Lob, da auch der Maisbrei geraten war. Die kleine Köchin meinte freilich, er sei etwas flau, sie habe nur schwach gewürzt, da das Beutelchen nur noch ein paar Salzkörner enthalte.
„Daran hast du recht getan, wir dürfen die übrigen Beutelchen noch nicht anbrechen, sie müssen den Sommer und Winter hindurch reichen. Erst im nächsten Frühjahr holen wir neues Salz, wenn wir zum Fort hinauffahren."
Mary stockte der Atem vor Überraschung, sie glaubte nicht richtig zu hören. „Ihr fahrt zum Fort, nach Du Quesne?"
„So ist es. Wir tauschen dort den überzähligen Mais und alle Felle ein, die sich bis dahin ansammeln. Du wirst uns dabei helfen und mitfahren. Für die guten, dichten Winterpelze von Marder, Otter und Biber bekommen wir Töpfe, Decken, Tuch, Gewürze . . ."
Elchkuh sprach noch manches, aber an Mary rauschten die Worte vorüber. Alles versank vor dieser Neuigkeit: im nächsten Frühling nach Du Quesne, in die Nähe ihrer Heimat. Wurden nicht von Du Quesne Gefangene über Kanada ausgetauscht?
Sicherlich konnte sie auch erfahren, wo ihre Eltern geblieben waren. Wieder standen der Grübelnden die Schreckensszenen vor Augen. Wo mochten die Brüder sein? Sie hatte John und Thomas

nirgendwo gesehen. Wahrscheinlich hatten sich die Brüder in der Scheune versteckt und waren den Indianern entkommen. Und wohin sollten sie anders gegangen sein, als zu dem Großvater nach Virginien. Sollte ihr das nicht auch glücken, wenn sie erst in Fort Du Quesne war?

Verwirrt kroch Mary unter ihre Schlafdecke, sobald sich die Schwestern zur Ruhe legten. Ihre Gedanken gingen auf eine weite Reise, ehe sie einschlief.

Am anderen Morgen taten ihr alle Glieder weh von der ungewohnten Feldarbeit, aber sie achtete nicht darauf. Die neue Hoffnung beseelte sie. Mary war klug genug, von ihren Gefühlen und Sehnsüchten nichts zu verraten, aber sie vermochte nicht zu verbergen, daß sie fröhlicher wurde. Immer lieber ging sie mit hinaus aufs Feld, immer lauter sang sie die Lieder mit, immer freudiger blickte sie auf die wachsende, jetzt schon wogende Saat, als wüchse auch für sie eine Verheißung.

Da die Frauen sehr langsam redeten und oft ihre Sätze wiederholten, weil für die meisten vieles und schnelles Denken ungewohnt war, lernte Mary bei der Arbeit spielend die neue Sprache. Mit den Schwestern unterhielt sie sich schon sehr gut. So erfuhr sie manches, was sie sich bisher nicht erklären konnte.

Sie hörte, daß die Felder jedes Jahr gemeinsam von den Frauen bestellt wurden und daß in diesem Sommer Elchkuh zum „Häuptling der Äcker" gewählt war und anordnete, was ihr nötig schien. Und jetzt vernahm sie auch, daß Mais, Kürbis und Bohne Geschwister seien und immer zusammenwüchsen.

„Bohnen ranken an den Maisstengeln in die Höhe, die Maispflanze stützt also die Bohne, und die breiten Kürbisblätter schützen den Boden gegen die dörrende Sonne", erklärte Amsel.

„Unsere drei Geschwister halten nicht nur den Boden feucht, sondern auch die Erde fest, die bei Gewittern und Wolkenbrüchen leicht fortgeschwemmt würde", fügte Elchkuh noch hinzu.
Ja, Gewitter und Wolkenbrüche gab es im Laufe des Sommers viele. Und als der Mais reifte, mußte Mary oft mit Rotauge und Amsel die Vögel verjagen, besonders die wilden Tauben hatten es auf die Körner abgesehen.
Eines Tages, als Mary gerade Wasser holte, begegnete ihr Hirschhorn: „Ich warte hier auf dich, komme wieder her, wenn du dein Wasser nach Hause gebracht hast."
Mary sagte nichts. Sie ärgerte sich. Warum half Hirschhorn ihr nicht tragen. Aber dann fiel ihr ein, daß er es als Junge nicht durfte. Und so schlenderte sie, nachdem sie die Behälter zu Hause abgestellt hatte, wieder dem Waldrand zu. Merkwürdige Sitten waren das hier. Hirschhorn war immer gut zu ihr, da konnte sie ihn nicht umsonst warten lassen. Aber beeilen wollte sie sich nicht, „sonst bildet er sich noch ein, daß ich ihm nachlaufe ..."
So setzte sie sich am Wegrand auf einen Baumstamm. Es dauerte auch nicht lange, da kam Hirschhorn. Er öffnete seine Tasche und reichte ihr einen winzigen Haarknäuel mit einem langen Schweif.
„Ein Eichhörnchen", rief Mary voller Freude und nahm es in ihre Hände. Aber das Tierchen kroch gleich in ihren Ärmel.
„Ich bin in vielen Bäumen herumgeklettert, bis ich endlich einen Eichhörnchenkogel fand, aber die Tiere waren noch zu klein. Ich wartete, bis sie hinter der Alten durch die Zweige huschten, dann fing ich dieses. Ich habe es schon ein paar Tage bei mir, es ist schon halb zahm." Hirschhorn wollte die Sätze wiederholen, weil er glaubte, das Mädchen verstünde ihn nicht.

Aber Mary lachte: „Ich habe alles begriffen, und ich danke dir."
Der große Junge war sichtlich erfreut. Nun konnte er doch mit dem weißen Mädchen plaudern. Er hockte sich vor Mary nieder.
„Du liebst wohl den Platz hier bei der Kastanie?"
Mary bejahte: „An unserer Gartentür – am Marsh Creek – stand auch eine so große Kastanie."
Das Eichhörnchen kroch aus dem Ärmel und sah zu dem Mädchen auf. „Ich werde dich Lieschen nennen, zum Andenken an die große Liese, auf der ich geritten bin", sagte Mary vor sich hin und war mit den Gedanken wieder weit fort.
Hirschhorn erkundigte sich nun freundlich – wie es sich gehörte – nach der Gesundheit der beiden Schwestern. Schließlich teilte er mit, daß auch seine Familie völlig gesund sei. Doch Mary hörte nur halb hin. Eine Verlegenheitspause entstand. Hirschhorn suchte nach neuem Gesprächsstoff. „Ich sah Vögel vorüberfliegen und hörte sie singen", fing er endlich wieder an.
Mary lächelte, mit dieser Formel kündigte man Neuigkeiten an. Was mochten die Vögel dieses Mal wohl gesungen haben?
„Die Rotröcke sitzen jetzt in dem Fort." Hirschhorn suchte nach dem Namen. „Ach, du weißt schon, in der großen Palisade, wo die Flüsse zum Ohio zusammenströmen."
Das Mädchen wurde rot vor Erregung: „Haben die Rotröcke denn das Fort erobert?"
„Nein, sie rückten so zahlreich an, so zahlreich wie die Blätter im Walde, und deshalb sind die Kinder des Großen Vaters abgezogen, bevor ihre Feinde heran waren."
In Marys Kopf arbeitete es. Die Kinder des Großen Vaters, das waren die Franzosen. Sie sollten fort sein, und jetzt sollten ihre eigenen Leute, die Engländer, hinter der gewaltigen Palisade

sitzen! Dann würde ihre Flucht leicht. Dann würde sie ihre Eltern wiederfinden! Aber, ob die Schwestern zum Fort führen, nachdem die Besitzer gewechselt hatten. Lagen die Indianer nicht mit den Engländern im Krieg?

Hirschhorn versuchte das plötzliche Erröten und das Schweigen des Mädchens zu deuten. Er sah sie an und rückte näher: „Dein Haar hat die Farbe und den rotseidenen Schimmer des Truthennengefieders. Wie helles Kupfer glänzt es in der Sonne. Und was macht deine Hand?" Mary nickte: „Wieder gut." Während sie ihre Hand fortzog, berührte sie die seine. Eine Geste, die sie bei den Schwestern gesehen hatte, die aber nur bei Verwandten üblich war. Im gleichen Augenblick stand sie auf und eilte mit dem Eichhörnchen im Arm nach Hause. Sie mußte die Schwestern fragen nach Fort Du Quesne ... Der junge Mann interessierte sie jetzt nicht.

Verdutzt blickte ihr Hirschhorn nach.

Am Abend faßte sie sich ein Herz: „Habt ihr auch gehört, daß in der großen Palisade jetzt die Rotröcke sitzen?"

„So ist es, meine Schwester", antwortete Rotschwingenamsel. Siehe da, hier wußte man es schon, und niemand hatte es ihr erzählt. „Aber wohin bringt ihr nun Mais und Pelze?" bohrte Mary weiter.

„Darüber haben die Häuptlinge auch schon beraten. Sie wollen abwarten, wie der Winter verläuft. Bleibt Frieden, dann fahren wir im Frühling wieder den Ohio hinauf zum Fort, um Waren einzutauschen."

„Nehmt ihr mich dann mit?"

„Gewiß, du bist doch unsere Schwester." Verwunderung klang in Elchkuhs Stimme, ob solch einer Frage.

Vor innerer Erregung benommen, suchte Mary ihr Lager auf.

Alles kam ihr wie ein Traum vor. Aber das zarte Schnaufen ihres Eichhorns, das zusammengerollt neben ihr auf dem Hasenbalg lag, war wirklich, ebenso wirklich wie die Reden der Schwestern. Englische Soldaten in Fort Du Quesne! Eine heiße Woge quoll in ihr empor. Es würde alles wieder gut. Sie würde die Eltern und die Geschwister wiedersehen!

Mary kam es vor, als sei sie bis jetzt in einem endlos langen dunklen Gang gewandert und erblicke nun eine kleine Lichtöffnung, die langsam den Ausweg in einen hellen Tag verhieß. Allmählich wurde dieses Licht größer, von Vollmond zu Vollmond leuchtete es kräftiger. Und ihr Herz und ihr Heimweh wurden leichter.

Die glühende Hitze der Erntetage ertrug sie ohne Klage. Geduldig lief sie zwischen den Schnitterinnen und dem Feldrain hin und her, ebenso wie Amsel, Rotauge und die anderen Mädchen, um mit Körben die Maiskolben an den Ackerrand zu tragen. Von dort wanderten die Maiskörbe auf den Rücken der Frauen ins Dorf.

Es war eine Riesenernte: die Maiskrippen liefen über, und die Hüttenwände erhielten eine goldene Tapete von geflochtenen Maiszöpfen. Alsbald fingen die Männer an, Vorratskammern auszuheben, viereckige Gruben am Hang, dicht mit Baumrinde gepolstert und abgedeckt. Auch Elchkuh und Amsel füllten eine Grube und deckten sie dann so geschickt mit Rasenstücken zu, daß ein Uneingeweihter dort niemals eine Vorratsgrube mit Mais, Bohnen und Kürbissen vermutet hätte.

„Verderben denn Bohnen und Mais nicht in der Erde?“ wollte Mary wissen.

„Wenn keine Mäuse darüber kommen, sind sie im nächsten Frühling ganz frisch. Wir brauchen diese Last nicht in unser Winter-

dorf zu befördern und finden bei unserer Rückkehr noch einen stattlichen Vorrat, von dem wir die Hälfte bei den weißen Händlern tauschen können."
„Wo liegt denn das Winterdorf, wohin ziehen wir?"
„Auch an einem kleinen Nebenfluß des Ohio, weiter nach Sonnenuntergang zu."
Mary begriff sofort, daß diese Reise sie noch weiter vom Fort der Engländer und ihrer früheren Heimat fortbringen würde.
„Warum bleiben wir nicht hier?"
„Im Winter ist der Fischbach zugefroren, und es gibt auch weniger Wild hier wie in dem Wald am Winterdorf. Unsere Jäger bringen dort mehr heim."
„Das verstehe ich", erwiderte Mary, während ihre Gedanken aber nur um den einen Punkt kreisten: es geht weiter von der Heimat fort. Wie sehr hatte sie sich gefreut, daß die Engländer nun in Fort Du Quesne säßen. Wenn man hier in Fischbach auf die große Tanne kletterte, konnte man die Rauchfahnen am Horizont erkennen, Hirschhorn hatte sie neulich gesehen. Diese Gedanken beschäftigten das Mädchen jeden Abend vor dem Einschlafen. Draußen sangen die Kinder bis in die Nacht hinein von der fröhlichen Herbstreise, aber Mary stimmte der Gedanke daran traurig.
Inzwischen waren auch die letzten Felder abgeerntet, und eines Tages kehrten die Jäger und alle Krieger nach Fischbach zurück. Sie brachten auch Pferde mit, die man für die Reise als Packtiere brauchte. Mary wunderte sich, daß sie niemals einen Indianer reiten sah.
Wie gerne hätte sie wieder auf einem Pferderücken gesessen! Ob der Braune und die Liese bei den Shawneeindianern geblieben

waren? Der Schecke hatte ja gelahmt, ihn hatten die Brüder sicher am Marsh Creek behalten. Ob sie das Wohnhaus wieder aufgebaut hatten und die Eltern mit Betsy zurückgekehrt waren? Fragen über Fragen bedrängten das Mädchen und ließen ihr keine Ruhe.

Im Monat „Früchte bilden sich" lief eine Hitzewelle über das Land, die Mensch und Tier müde machte. Auch an diesem Tage, da die Sonne auf ihrem blauen Pfad hinaufstieg, kündigte sich schon in der Frühe große Wärme an. Mary wälzte sich auf ihrem Lager und wurde wach. Das dröhnende Geräusch des Maisstampfens hatte sie endlich geweckt. Überall vor den Türen waren die Frauen und Mädchen dabei, den gequollenen Mais zu zerquetschen: „Rum-bumm, rum-bumm-bumm!" klang es jedesmal, wenn der schwere Stampfer in dem Mörser, einem ausgehöhlten Baumstamm, niedersauste.

Schnell kleidete Mary sich an und trat vor die Tür Während Rotschwingenamsel noch das Maiskorn zerstampfte, nahm Elchkuh eine große hölzerne Wanne, über die sie ein Korbsieb legte und das Maismehl hindurchsiebte. Die Hülsen und den groben Rest leerte sie dann auf dem Boden aus, wo das Eichhörnchen Lieschen schon darauf wartete.

Ein freundliches „Bojur" klang an ihr Ohr. Mary hob den Kopf bei diesem ungewohnten Gruß und sah einen Indianer vorüberhinken, einen älteren Mann, der jedem sein „Bojur" zurief. Die Schwestern hatten den französischen Gruß „Bonjour" oft in Fort Du Quesne gehört und antworteten ebenso fröhlich: „Möge es dir gut gehen!"

Mary lächelte ein wenig. Der Hinkende sah komisch genug aus mit seinen Mokassins, langen Lederhosen und einem blauen

Uniformrock; wie ein bunter Schmetterling tauchte er zwischen Gebüsch und Hütten unter, erschien wieder und verschwand endlich zur Flußseite hin.

„Wer ist denn das?" wandte sich Mary an Rotschwingenamsel.

„Der Händler Blaureiher vom Genesee. Als Kind hat er sich den Fuß gebrochen und seitdem hinkt er. So konnte er kein Krieger werden und taugt nur zum Händler. Mit seinem Boot befährt er den Ohio und die Nebenflüsse und handelt mit Schmuck, Bärenzähnen, Muschelketten und Farbenpasten."

Elchkuh nickte und zeigte auf ihre Kette, die sie heute zur Feier des Erntedankfestes um den Hals trug. Es waren lauter kleine zentimeterlange Röhrchen, aus Muscheln geschliffen, in der Länge durchlocht, abwechselnd in schwarzer und weißer Farbe.

„Das ist Wampum", bekräftigte Elchkuh.

Das Mädchen griff entzückt nach dem seidig schimmernden Gehänge. So also sah Wampum aus, der Name war ja in aller Munde.

„Dann lebt der Händler nur vom Tausch seiner Waren", meinte Mary. „Nicht nur, er besorgt dabei allerlei Botschaften, überbringt Familiennachrichten von einem Ort zum anderen. Und jetzt fährt er nach Fort Du Quesne", sprudelte Amsel noch hervor.

Mary wußte später nicht mehr, wie alles sich aneinanderfügte, doch vergaß sie den Schlag nicht mehr, der sie bei dem Wort Du Quesne durchzuckte. Es war nur noch ein Gedanke, ein Wille in ihr: ich muß mit Blaureiher fahren. Ich will nach Du Quesne.

Sie half wie sonst beim Kochen. Sie sah zu, wie die Schwestern sich schön machten und ließ sich bereitwillig bemalen. Sie kämmte ihr Haar sorgfältig und hörte die Schwestern vom Fest zu Ehren von Mais, Bohne und Kürbis sprechen. Feier und Tanz sollten auf der Waldlichtung bei der großen Zitterpappel stattfinden. Mary kannte den Platz genau.

Als die Schwestern fertig waren und an der Tür standen, hörte sie sich selbst ganz ruhig sagen: „Geht nur voraus, ich suche noch Lieschen und komme mit Hirschhorn nach."

Dann sah sie die Schwestern den Weg zum Wald einschlagen. Mit dem Instinkt eines gejagten Tieres harrte sie des Augenblicks, wo das Dorf leer war und alle dem Wald zustrebten, viele fröhliche blaue, rote und gelbe Tupfen, die sich allmählich zwischen den Bäumen verloren.

Mary griff nach ihrem Packen, dem zusammengerollten Schlaffell und einem Beutel Mais, schlüpfte vorsichtig aus der Tür und schlich zwischen den Hütten dem Fluß zu, Lieschen auf der Schulter.

Tatsächlich, da schaukelte das Boot des Blaureihers im Fluß, angebunden an einen Weidenbusch. Der Mann selbst drehte ihr den Rücken zu und ordnete eifrig seine Hirschlederbeutel und seine Felle. Ehe Mary etwas sagte, rief er fröhlich: „Na, da bist du ja endlich! Komm', wir fahren gleich ab!"

Die überwachen Sinne des Mädchens erfaßten sofort, daß dem Mann eine Verwechslung unterlief. Sicher hatte ihm irgendeine Mutter ihre Tochter zu einer Verwandtenreise ins nächste Dorf anvertrauen wollen und sich nachher anders besonnen. Im Trubel des Erntedankfestes hatte man vielleicht vergessen, die Reise abzubestellen. Was aber, wenn das richtige Mädchen nun doch noch eintraf ... Wenn es gar Rotauge wäre! Siedend heiß stieg es in Mary auf.

„Ich paddle hinten am Heck", stieß Mary beim Einsteigen hervor,

während der Indianer das Boot losmachte. Mit aller Kraft zog sie das Ruderholz durch das tiefgrüne Wasser.
„Langsam, langsam", mahnte der Mann, „sonst wirst du zu müde." Mary mäßigte ihr Tempo und blickte scheu zum Ufer zurück. Die Hütten wurden immer kleiner und das Boot entfernte sich rasch, denn es eilte ja mit der Strömung dem Ohio entgegen. Immer ferner rückte das Ufer, die Hütten waren längst unter der grünen Masse der Baumkronen versunken. Gewaltige Vorhänge von Schilf säumten das Wasser, als das Kanu in den großen Fluß einbog und den Fischbach mit seinen Hütten hinter sich ließ.
Nicht mehr im Baumschatten, sondern umflossen von den immer wärmer werdenden Sonnenstrahlen schoß das Kanu über das glitzernde Wasser. Mary wurde es zu heiß und sie warf ihre lange Jacke ab. Doch das war gerade verkehrt, denn nun brannte die Sonne unbarmherzig auf Nacken und Rücken. Bald fühlte sie tausend Nadeln in ihrem Kopf stechen und in ihrem Magen machte sich eine unangenehme Leere bemerkbar, denn sie hatte vor Aufregung kaum etwas gegessen. Das gekochte Erntedankessen war zum Festplatz mitgenommen worden.
Unerträglich glitzerte der sonnendurchflutete Riesenspiegel des Stromes; eine gewaltige Ohioschleife war zu durchfahren, zuerst nach Norden, dann nach Osten, dann nach Südwesten, ehe man zum Fort Du Quesne kommen würde. Soviel wußte Mary noch.
Oft war sie zu Hause mit einem kleinen Boot über den Marsh Creek gerudert, aber das dauerte nur ein paar Minuten.
Dieses stundenlange Knien im Heck des Kanus, das beständige Auf und Ab, genau im Takt mit dem vorne paddelnden Händler, zermürbte sie rasch. Nur der Gedanke, nach Hause zu kommen, gab ihr die Kraft.

Als die Reisenden in der Mittagsglut an einem freien Uferstreifen landeten, taumelte Mary. Auf ihrem Kopf lastete ein Zentnergewicht, ihre Knie brannten wie Feuer, ihre Arme hingen gefühllos herab.
Mary machte die größten Anstrengungen, ihre Erschöpfung zu verbergen, trotzdem musterte der Händler sie bedenklich. In der Sonne hatte sie ihre Augen zugekniffen, so daß der Mann ihre Farbe nicht bemerken konnte. Aber hier im Uferschatten sah er sie auf einmal, und ein Erstaunen glitt über sein runzeliges Gesicht. Mary erschrak. Aber der Mann lachte: „So, Rotauge heißt du, das ist wohl der Spottname für deine blauen Sterne." Er pfiff ein Liedchen vor sich hin. „Bis Uferweide ist es noch weit, und doppelt so lang ist die Fahrt bis Du Quesne."
„Ja, ja, wenn ich erst in Du Quesne bin, dann finde ich schon weiter", murmelte Mary in ihrer Betäubung.
„Was redest du da von Du Quesne", verwunderte sich der Mann. „Deine Mutter hat mir gesagt, du wolltest deinen Onkel in Uferweide besuchen."
Im Nu war das Mädchen hellwach. „Natürlich, natürlich, ich habe mich nur versprochen. Aber, wenn mein Onkel nicht zu Hause ist, dann kannst du mich auch bis zum Schluß deiner Reise mitnehmen."
„Werde mich hüten", meinte Blaureiher gutmütig, während er in das Wasser schaute. Dann watete er hinein, einen Speer in der Hand. Im Nu stach er einen großen Weißfisch. Er schlug ein Gestell auf, und Mary sammelte schnell etwas Reisig und Holz. Es dauerte nicht lange, da schmorte der Fisch über dem Feuer.
Mary war es längst gewöhnt, die Fische ungeschuppt und unausgenommen zu essen, und es roch gar köstlich. Aber Kopfschmerzen

verursachten ihr Übelkeit, so würgte sie nur ein paar Bissen hinunter von dem zarten, weißen Fleisch. Und dann fielen ihr die Augen zu.

Nur einen Augenblick glaubte sie geschlafen zu haben, als der Mann sie weckte. Halbwach stieg sie wieder in das Kanu. Bald war alles wie vorher: das gleichmäßige Auf und Ab der Paddel, das unerträgliche Glitzern der Wasserfläche, die Hitze, der Druck auf den Kopf und der Schmerz der geschundenen Knie und Hände.

Die Sonne stand noch am Himmel, als der Händler sich einige Male umsah und erneut beidrehte. Mary taumelte an Land und bespritzte ihre wunden Beine dabei immer wieder mit Wasser. Dann hockte sie sich halbohnmächtig in das hohe Ufergras.

Der Mann sagte etwas, aber Mary verstand es nicht. Die blutunterlaufenen Knie stachen mit tausend Nadeln. Die Handflächen glühten und waren mit Blasen bedeckt. Ein bohrender Schmerz arbeitete zwischen den Schulterblättern, und ihr Kopf schien zu platzen.

Wie im Traum stieg das verlassene Fischbachdorf vor ihr auf, die Schwestern, die sie niemals so arbeiten ließen, bis sie Schmerzen bekam. Wenn sie jetzt die kühlende Salbe von Hirschhorn hätte! Ihre brennenden Augen füllten sich mit Tränen, sie fühlte sich sterbenselend. So sah sie nicht, wie der Händler ein Feuer anmachte, und so sah sie auch den schmalen Kanuschatten nicht, wie er lautlos auf die Rauchfahne zuhuschte, die da vom Ufer in die Weite des Stromes winkte, wie eine aufgezogene Signalflagge. Sie hörte das leise Knirschen des Kiels auf dem Sand nicht, sie vernahm nicht das hastige Gespräch ihrer Verwandten mit Blaureiher.

Erst Rotauges scharfe Stimme weckte sie: „Man müßte sie untertauchen, bis sie keine Luft mehr bekäme!"
Sie öffnete die Augen, doch da sah sie Elchkuhs gütiges Gesicht über sich gebeugt, und zwei dunkle Augen waren sorgenvoll auf sie gerichtet. Mary schauerte. „Schwester, liebe Schwester", murmelte sie. Sie fühlte sich hochgehoben und sanft auf ein Fell gelegt. Irgend etwas Kühles besänftigte den Schmerz an den Knien. Noch einmal kam sie halb zum Bewußtsein und sah Hirschhorn. Elchkuh fütterte sie mit Maisbrei. Mary schluckte ein paarmal, aber dann versank die Welt für sie wieder. Eine dunkle Wand schob sich zwischen Menschen, Kochfeuer, Wald und Fluß.
Sie spürte nicht, wie man sie auf das Boot trug, wie das Kanu in den Strom drehte. Doch in den Erschöpfungsschlaf nahm sie ein Gefühl der Geborgenheit mit hinüber. Alle Schmerzen hatten Elchkuh und Hirschhorn fortgewischt.
Unter einem rosig überhauchten Abendhimmel glitt das Boot wieder dem Fischbach zu. Bald flimmerten zahllose Sterne, und eine zarte Mondsichel tanzte auf den Wellen. Eine leichte Brise und die Strömung verdoppelte die Eile des Kanus. Die Nacht hatte die glühende Sonne vertrieben und war mit den Menschen, Tieren und Bäumen allein.

IV

Die Stare durchsuchten die kahlen Felder und fraßen die letzten Körner. Schwärme von Rotkehlchen sammelten sich für ihren Flug nach dem Süden. Die Sonne glühte nicht mehr, und in der Luft trieben silbrige Fäden. Die Ahorne fingen an, sich rot zu färben, und die Leute in Fischbach redeten vom Packen und vom Winterdorf.

Mary, die wochenlang teilnahmslos auf ihrem Schlaffell gelegen hatte, erholte sich nun rasch. Ab und zu überfiel sie noch ein Schwächegefühl, aber die ruhige Zeit des Indianersommers linderte alles, auch das Heimweh nach dem Marsh Creek. Es bohrte noch, aber es brannte nicht mehr. Und den Umzug in das Winterdorf am Elchaugenfluß sah sie gelassen näherrücken.

Im Dorf redete man dann und wann darüber, ob die Engländer nun Krieg gegen die Ohioindianer führen, oder ob beide zusammen die Friedenspfeife rauchen würden. Fest stand bei Mary nur eins: einen Fluchtversuch würde sie nicht wieder wagen. Untergetaucht hatten die Schwestern sie nicht, wie Rotauge prophezeit hatte. Nein, Elchkuh hatte sie in den ersten Tagen ihrer Krankheit wie eine Mutter gepflegt, und kein böses Wort war gefallen. Eines Tages kam Hirschhorn, als Mary allein war.

„Weißt du eigentlich, wo mein Lieschen geblieben ist? Ich habe es seit meiner Fahrt mit dem Blaureiher nicht mehr gesehen."

Der junge Mann dachte nach: „Zuletzt sah ich es, als wir dich am Ufer fanden. Und dann sah ich es, als Rotauge es fütterte. Und dann sah ich es auf einmal nicht mehr."

„Hast du es denn nicht gesucht?"

„Doch, aber ich fand es nicht."
„Wie habt ihr mich denn so schnell gefunden?" wollte Mary wissen, denn die Schwestern hatten darüber bis jetzt geschwiegen.
„Als Rotauge zum Ufer kam, sah sie das Kanu des Blaureihers in der Ferne in den Ohio einbiegen."
„Konnte Rotauge mich denn erkennen?"
„Genau nicht. Sie schlug Alarm und holte uns vom Festplatz. Alles andere konnten wir uns denken, als dein Schlaffell fehlte."
„Und nun kommst du doch mit ins Winterdorf", meinte Hirschhorn beim Abschied.
Eines Tages war es so weit. Die Männer beluden die Packpferde, und die Frauen schleppten große Bündel hinunter zum Fluß, wo die Kanus an ihren Haltestricken zerrten. Die Männer brachen zuerst auf; sie zogen mit den Pferden am Ufer entlang nach Süden, während die Frauen die schwerbeladenen Boote stromab paddelten, gemächlich und vorsichtig, da niemand Eile hatte.
Wie fröhlich genoß Mary diese kurze, zweitägige Reise! Die peinigenden Gedanken an die mißlungene Flucht zerflatterten, kein Tränenschleier verdunkelte mehr ihre Augen. Wenn ihr indianischer Name Dehewämis von den anderen Kanus herüberklang, konnte sie jetzt auf irokesisch antworten, und vor allem konnte sie auf irokesisch fragen. Und fragen mußte sie eigentlich ununterbrochen.
Der herbstliche Ohio war eine andere Welt als der Marsh Creek. Am Himmel dröhnte der Flügelschlag wandernder Taubenheere, bunte Entenschwärme stoben auf und fielen rauschend zurück ins Wasser. Mitunter winkte ein Indianerdörfchen mit wehenden Rauchfahnen am Ufer. Gelassen zog der Riesenstrom dahin, die Kanus auf seinem Rücken; die bunten Wälder zu beiden Seiten

gaben ab und an in einer Biegung den Blick auf die blauende Ferne frei. Ganze Rudel von Hirschen durchfurchten das Wasser von einem Ufer zum anderen; es klapperte laut, wenn die Geweihe der Tiere aneinanderstießen.

Einmal mußten die Frauen die Paddel gegen die Strömung stemmen und die Fahrt unterbrechen: der ganze breite Wasserspiegel war bedeckt von dicken, behaarten, schwarzen Tierköpfen! Aus den aufgerissenen Schnauzen klang das Blasen, Schnaufen und Stöhnen der rudernden Kolosse.

Mary riß die Augen auf. „Sieh mal da! Was ist denn das?" Auch Amsel geriet in Aufregung. „Das sind Bären! In jedem Herbst schwimmen sie über den Strom!" – „Wohin wollen die denn?" – „Zu einem großen Kastanienwald da drüben. Dorthin wandern sie immer, wenn die Kastanien reif sind, um sich einen Wanst für den Winter anzumästen!"

Es dauerte lange, bis das Heer der schwimmenden Tiere vorüber war. Einzelne kamen den lautlos treibenden Kanus so nahe, daß Mary ihre kleinen Äuglein zwinkern und die roten Zungen leuchten sah!

Nie im Leben vergaß Mary die Eindrücke dieser Reise. Wie kam es nur, daß sie diese Herrlichkeiten zu Hause nicht gesehen hatte? Es gab doch auch dort Bären und Hirsche in Massen. Auch dort flog in jedem Herbst der wehmütige Hornstoß des Wapiti über die Wälder, auch dort hörte man oft genug das Geheul der Wölfe! Aber vielleicht lief dort das Leben lauter und unruhiger als im Indianerdorf, in dem nur selten ein Kind schrie und die Erwachsenen mit gedämpfter Stimme sprachen.

Am Nachmittag bogen sie in den Elchaugenfluß ein. Mary spürte, wie die Schwestern zu hasten begannen; sie nahmen sich kaum

Zeit, das Boot richtig festzulegen und aufs Ufer zu ziehen. Ohne viele Worte rannten sie die Böschung hinauf, daß Mary mit ihrem Packen auf dem Rücken kaum folgen konnte. Oben auf der hohen Uferterrasse war der Wald gefällt, gerade so weit, um einem halben Dutzend großer, niedriger Giebelhäuser Platz zu bieten.
Dem Mädchen blieb keine Zeit, die altersgrauen Gebäude zu mustern, die zausigen Rindenwände und die winzigen Türen. Sie sah nur die flachen, breiten Dächer, die gedrückten Giebel in einer Reihe nebeneinander, dazwischen Brennesselbüsche und hohes, gelbes Gras, wie es in jedem Indianerdorf wuchs.
Dann hörte sie Amsel rufen: „Schnell, schnell!" Sie sah die beiden Schwestern in dem zweiten Gebäude verschwinden und lief hinter ihnen her.
Der helle Tag versank hinter der engen Pforte in einem ungewissen Dämmerlicht. Wie ein blinder Maulwurf tappte Mary umher und tastete sich mühsam vorwärts. „Wo seid ihr denn?" rief sie. „Na hier! komm nur," klang es dicht vor ihr. Mary tappte weiter. Allmählich unterschieden ihre Augen auch Einzelheiten. Von oben sickerte Licht durch die Dachluken.
Das Mädchen erkannte einen langen, breiten Gang, der durch das ganze Haus lief von einer Giebeltür zur anderen. An beiden Seiten dieses Korridors ragten kräftige Pfähle bis zum Dach empor, alle vier Schritte einer. Dazwischen dunkelten tiefe Kammern finsterer als die Scheune zu Hause, wenn das Tor zugeschlagen war.
Mary hörte das Schlagen von Stein und Stahl. Sie sah kleine, lustige Flämmchen durch ein Reisigbündel emporklettern und schließlich zu einem prasselnden Feuer emporschießen. Sie spürte, wie die Schwestern tief befriedigt aufatmeten.

„Sollen wir etwa hier wohnen?" wollte Mary wissen. „Ja freilich, und wir haben die beste Kammer erwischt: wo du zuerst Feuer anzündest, da wohnst du! Deshalb unsere Eile! Hier sind wir ziemlich gleich weit von den Haustüren entfernt, durch die es im Winter so zieht, auch wenn ein Bärenfell davor hängt. Man kann dort heizen, soviel man will, es wird nie richtig warm."

Mary sah den Flackerschein der Flammen in die dunklen Stuben rechts und links des Korridors vordringen, bis tief an die Rückwand. Die lange verlassenen Räume, zum Gang hin geöffnet, enthielten nichts als modriges Laub, altes Stroh, Spinnweben und aufgeregt flatternde Fledermäuse.

Das Mädchen kauerte sich zu den Schwestern. „Ich finde es hier gräßlich, unsere Hütte am Fischbach war viel gemütlicher." Elchkuh strich ihr sanft über das Haar. „Das sieht nur jetzt so unbewohnt aus. Die Häuser haben einen ganzen Sommer lang leer gestanden. Warte nur, bis wir eingerichtet sind. Wir holen nun unsere Sachen. Du bleibst hier und paßt auf: diese beiden Stuben" – Elchkuh deutete rechts und links in die Finsternis – „gehören uns, lasse niemand hinein."

Als die Schwestern gegangen waren, beobachtete Mary, wie sich nebenan der Geiergesichtige einrichtete. Zuvor hatte er sich erkundigt, ob hier auch Elchkuh wohne, und Mary hatte widerwillig Auskunft gegeben. Um den Häuptling nicht zu sehen, trat sie vorsichtig in die rechte Stube, betastete die Wände aus Rinde und Pfählen, und befühlte die Decke, die sie gerade noch mit ausgestreckter Hand erreichen konnte. Oben über den niedrigen Stuben lag eine Art Boden oder Söller, eng eingekeilt zwischen Decke und Dach. Mary reckte sich im Gang, um in den Boden hineinzusehen, aber sie war zu klein.

„Soll ich dir hinaufhelfen?" klang da auf einmal Hirschhorns Stimme. Mary fuhr zusammen: „Du hast mich aber erschreckt, ich habe dich gar nicht kommen hören." Dann siegte ihre Neugier: „Ja, hilf mir hinauf!"

Hirschhorn schob, und Mary klammerte sich an ein Rundholz des Dachbodens, und mit einem kräftigen Zug kam sie hinauf. Auf allen vieren kroch sie in die Finsternis hinein. Es roch nach Laub und Moder, und hier und da krachte und knarrte es bedenklich. Plötzlich splitterte es, der Boden wich, und Mary purzelte in einer mächtigen Staubwolke hinunter.

Der Junge sprang noch rechtzeitig zu und konnte den Sturz mildern. Der gute Hirschhorn hatte wieder einmal ein Unglück verhütet. Das Schlimmste blieb der Staub, den Mary aushusten mußte.

Die Schwestern lachten herzlich als sie zurückkamen. „Der Dachboden hält nicht viel. Dort hinauf kommen nur unsere Löffel, Töpfe, Teller, aber nicht so ein großes Mädchen wie du! Aber wir sagen niemandem etwas davon, sonst heißt du im ganzen Dorf nicht mehr ‚Zierliches Mädchen', sondern ‚Die durch den Boden Gekrachte'!"

Amsel wollte sich ausschütten vor Lachen, meinte aber: „Elchkuh hat recht, wir schweigen am besten über diese Geschichte, sonst bist du vor Neckereien nicht sicher!"

Das Loch wurde rasch mit einer Rinde geflickt, danach wurden die Stuben mit Matten tapeziert und die Schlafbänke an den Wänden der rechten Koje mit Fellen belegt. Laub und Stroh vom Vorjahr kehrte Mary ins Feuer. Ehe man sich versah, schlugen die Flammen bis zum Dach und zur Dachluke hinaus. Die Schwestern schrien vor Schrecken, und Elchkuh kippte den ganzen

Wasserkessel ins Feuer. Beißender weißer Qualm breitete sich aus. Der gerade zurückgekehrte Geier hustete gewaltig und brummte allerlei Unfreundliches, aber Elchkuh sagte kein böses Wort und mahnte nur liebevoll zur Vorsicht. „Mit solchen Unvorsichtigkeiten kannst du im Nu das ganze Haus in Brand setzen, Amsel bringt auch so etwas fertig. Immer nur ganz wenig auflegen, wenn man Stroh verbrennt. Besonders vorsichtig sein mit Kiefern- und Fichtenholz, davon springen immer glühende Stückchen ab und fliegen in die Stuben. Am ungefährlichsten sind Birkenzweige!"

Ja, für den Winter blieb noch viel zu lernen, und im Langen Haus war noch viel mehr zu lernen. Kaum hatten die Schwestern die linke Koje – ihrer Wohnstube gegenüber auf der anderen Seite des Korridors – als Vorratskammer hergerichtet für den Mais, die Bohnen, das Salz und das Holz, da begann es zu regnen. Es trommelte auf dem Dache, als käme der ganze Himmelsozean herunter.

„Rasch, hilf mir das Rauchloch zuschieben!" schrie Amsel und packte eine lange Stange, die bis jetzt unbeachtet im Gang gelegen hatte.

Mary verstand nichts, griff aber zu und tat, was ihr die Schwester keuchend vor Anstrengung zurief. „Da draußen auf dem Dach liegt ein Stück Rinde! – So, da ist es! Siehst du den Rand? Den müssen wir hochheben, so, ja, so ist es richtig! – Oh! jetzt sind wir abgerutscht. – Jetzt haben wir es, langsam hochheben und vorschieben, bis es auf dem Rauchloch liegt!" Endlich verdunkelte sich die Luke, und der Regen zischte nicht mehr ins Feuer.

So verging der erste Tag im Winterdorf mit lauter ungeahnten Erlebnissen. Bis jetzt kannte Mary nur die Wigwams, in denen immer nur eine Familie hauste. Hier am Elchaugenfluß wohnte sie zum ersten Male in einem irokesischen Langhause, das acht oder sogar zehn Familien zusammenschloß und am Ohio nur im Winter gebraucht wurde, weil es die Wärme besser hielt und die Schneelasten leichter trug als die zierlichen Einzelhütten.

Als Mary abends müde auf die Schlafbank kroch, spürte sie, wie das Haus in tiefen Zügen atmete, wie es nicht mehr nach Moder roch und nach altem Laub, sondern nach Brot, Hirschfett, Fichtenharz und Holz. Und sie fühlte, wie das Haus sein warmes Dach liebevoll über die Menschen breitete, die sich vor dem Winter in seinen Schutz geflüchtet hatten.

Langsam, ganz langsam fand sich Mary in das neue Haus hinein, in das enge Zusammenleben so vieler Familien. Acht Abteilungen umfaßte es, die Wohnstuben rechts, die dazugehörigen Vorratskammern links des Korridors; es konnten also acht Familien unterkommen. Zuerst hoffte Mary, es würden vier oder fünf Wohnungen leer bleiben, aber nein! Schon am zweiten Tage nach der Ankunft hatte jede Koje einen Liebhaber gefunden, bis auf die beiden an den Türen.

So brannten denn auf dem Korridor verteilt sechs Kochfeuer, ein Dutzend größere Kinder liefen in den Stuben umher, drei oder vier Babys schrien bald von hier, bald von da, und eine Menge Hunde machten mit ihrem Jaulen und Winseln die Unruhe vollständig. Mußten bei Regen oder Schneegestöber die Rauchluken zugezogen werden, dann stolperte man im unsicheren Flackern der glosenden Feuer über Holzknüppel, Kochkessel, Maismörser und abgenagte Knochen.

Allmählich tastete sich Mary in ihre Umgebung hinein. Namen, Gesichter und Eigenarten wurden ihr vertraut, die sie bis dahin nur flüchtig wahrgenommen hatte. Und nach und nach lernte sie alle Familien dieses Hauses kennen.

Die Schwestern hatten die vierte Koje bezogen. Neben ihnen, nach der Ostseite hin, hatte sich eine junge Frau mit ihrer Mutter eingerichtet, mit der Elchkuh und Amsel sehr freundlich verkehrten. Eine Verwandtschaft konnte Mary nicht entdecken, doch schließlich begann ihr aufzugehen, daß dieses Mädchen nebenan den Bruder der Schwestern heiraten sollte; jenen Bruder, der vor einem Jahr von einem Kriegszug nicht zurückgekehrt war. Deshalb hingen die Schwestern mit Zärtlichkeit an „Märzbirke" und rechneten sie halb zur Familie.

Noch eine Koje weiter, in der sechsten Abteilung nach Osten zu, wohnte ein Elternpaar mit dem Namen Schwarzspecht und Blaudohle. Es hatte fünf Kinder, eines davon lag noch auf seinem Wiegenbrett. Mary half manchmal, den Kleinen säubern, wieder in seine Holzmulde mit Moos legen und festschnallen, weil die arme Blaudohle mit ihrer Arbeit gar nicht fertig wurde.

Nach diesem kribbelnden Durcheinander kam in der nächsten Stube eine Familie mit zwei großen Söhnen: die Adlerleute. Die beiden Jungen hießen Gefleckter Adler und Flußadler, der Vater aber Goldadler, worauf sich alle viel einbildeten.

Doch das Aufregendste blieb die Wohnung westlich der Schwesternkammer. Dort hatte sich der Häuptling, Geier, niedergelassen. Sein Haushalt, unordentlich und schmutzig wie kein anderer, kam auf einmal in Ordnung: seine Mokassins wurden sauber geflickt, seine Hosen glänzten gewaschen, und sein Essen roch nicht mehr angebrannt. Eine Schwester des jungen Häuptlings war aus der alten Irokesenheimat am Eriesee erschienen, um ihn zu betreuen, ein Mädchen namens Frühlingswind.

In dem halbdunklen Haus beobachtete Mary diese Änderung nicht sofort, aber bald kam der Augenblick, da der Schatten nebenan zu einem Menschen von Fleisch und Blut wurde.
Die Schwestern waren schon am Morgen zu einem Beerenplatz gegangen – er hieß „Bei dem spitzen Hügel" –, dort sollten noch eine Menge halb trockener und überreifer Blaubeeren zu finden sein, die weder Mensch noch Tier bis jetzt geerntet hatten. Als die beiden aufbrachen, große Körbe am Arm, bat sich Elchkuh als Mittagessen gebackenes Maisbrot aus: Gagai. „Du weißt ja, wie es gemacht wird. Ich freue mich jetzt schon darauf!" Dann waren sie gegangen, und Mary mußte sehen, wie sie allein mit diesem Gericht zurechtkam.
Sie rückte den großen Kessel ins Feuer und warf Hartholzasche ins Wasser, um die richtige Lauge herzustellen, ohne die kein Gagaiessen geriet. Sie schmeckte und probierte, ob die Lauge schon die richtige Schärfe besaß, da hörte sie auf einmal eine freundliche Stimme: „Beißt es schon in die Zunge?" Mary blickte auf: ein schlankes Mädchen, nicht größer als sie, stand im Gang und lächelte ihr zu. „Nein", meinte Mary kurz, „es beißt nicht. Ich will es auch nicht so scharf machen!"
Die Nachbarin ließ sich durch Marys Kürze nicht abschrecken. „Doch, es muß richtig scharf schmecken!" Sie kam herbei und faßte ganz selbstverständlich mit zu. Sie prüfte das Wasser, schüttete noch mehr Asche hinein und half das Feuer tüchtig schüren. Dazwischen plauderte sie fröhlich. „Ich heiße Frühlingswind und führe dem Häuptling den Haushalt. Ich bin nämlich seine Schwester."
Mary erschrak: mit der Schwester dieses unfreundlichen Kerls wollte sie eigentlich gar nichts zu tun haben! Aber das Geplauder

der Kleinen ging darüber weg. „Weißt du, ein Mann allein findet sich nicht zurecht. So bin ich für den Winter hierhergekommen."
Sie lachten und kicherten, und Frühlingswind erzählte weiter von dem großen Eriesee im Norden und dem herrlichen Geneseefluß, an dem ihr Heimatdorf stand, und dabei spülten sie die gequollenen Maiskörner, bis sie nicht mehr nach Lauge schmeckten und ihre Hülsen verloren hatten, stampften sie im Mörser zu Brei, kneteten handgroße Kuchen und warfen sie in frisch aufgesetztes, siedendes Wasser.
Frühlingswind wußte auch noch allerlei Kniffe. So rieb sie die Maisfladen vor dem Kochen mit kaltem Wasser ab: „Dann glänzen sie nachher wie eine reife Kastanie!" Und als Mary die Kuchen aus dem Kessel holen wollte, wehrte die Nachbarin ab: „Du mußt warten, bis sie oben schwimmen, erst dann sind sie gar."
Als die Schwestern nach Hause kamen, berichtete Mary eilig von ihrer neuen Freundin. Und wirklich, die Fladen der Häuptlingsschwester schmeckten besser als alles, was Mary bis jetzt gekocht hatte; auch Elchkuh und Amsel mußten es zugeben. Sie hatten nichts gegen die Freundschaft mit Frühlingswind. Ja, es schien, als sollte der Verkehr mit der Häuptlingskoje noch enger werden, denn auch Geier kam jetzt mitunter am Abend an das Feuer der Schwestern, erzählte Jagdgeschichten und Kriegserlebnisse und sogar manchmal etwas Lustiges, das selbst Elchkuh zum Lachen brachte.
Zuerst schlüpfte Mary hinüber zu Frühlingswind, sobald der Häuptling an ihrem Feuer erschien, aber dann fand sie doch eines Tages den Geier gar nicht so unerträglich und unfreundlich. Sie blieb, und die neue Freundin kam zu ihr und setzte sich zu den Schwestern.

Nie hätte Mary dem Langen Haus so gemütliche Winterabende zugetraut! Das Knistern der Feuer, das Gemurmel der Stimmen, das Singen des Windes in den Rauchlöchern gehörte mit zu diesen Abenden, und ebenso die fleißigen Hände der Freundinnen, die um die Wette stickten an langen Borten und Bändern. Sie wurden nicht müde, Mary die nötigen Handgriffe zu zeigen. Der Häuptling stiftete dazu eine Menge Stachelschweinborsten, lange und dünne, gelb, blau und rot gefärbte Röhrchen, biegsam und schmiegsam wie ganz feine Weidengerten. Amsel zeichnete mit einer Holzkohle die Muster auf das Leder, und nun galt es, mit einer knöchernen Nadel Löcher zu stechen, die Borsten durchzuziehen und die Muster in farbige Sterne, Sonnen, Blüten und Zweige zu verwandeln.
Der erste Gürtel, an dem Mary sich versuchte, wurde ganz schmutzig in ihren schwitzenden Händen; manche Löcher saßen falsch, und andere rissen beim Durchziehen der Borsten auf.
Aber die Mokassins, die sie anschließend mit blauen Blumen bestickte, gerieten schon besser. Sie stach sich nicht mehr so oft in die Finger, und das Leder blieb sauber und hell wie bei den anderen Stickerinnen.
So flogen die „Ameisenabende", wie Elchkuh sie nannte, dahin. Die Gemeinschaft mit der Koje nebenan war so selbstverständlich geworden, daß Mary aus allen Wolken fiel, als Amsel sie eines Tages fragte: „Weißt du auch, weshalb der Häuptling uns so oft besucht?" Es war gerade der Monat „Sonne wandert kurze Tage", und die beiden rumpelten ihren Mais in der leeren Koje neben der Haustür.
Mary ließ den Stößel sinken. „Der kommt, weil es bei uns so gemütlich ist."

„Gewiß, aber er kommt auch wegen unserer Schwester Elchkuh."

„Was sagst du da? Wegen Elchkuh? Was will er denn von ihr?"

„Er will sie heiraten."

„Er will sie heiraten? Warum denn? Er hat doch seine Schwester!"

„Ja, aber Frühlingswind geht im Sommer wieder zurück an den Genesee, in ihre Heimat."

In Marys Kopf arbeitete es. „Geht Elchkuh dann fort? Läßt sie uns allein?"

„Natürlich, sie zieht ja zu dem Häuptling. Ich bin so froh, daß sie nun doch heiratet. Sobald wir unsere Sachen in Fort Du Quesne umgetauscht haben, soll die Hochzeit sein."

Mary grübelte, sie vermochte sich ein Leben ohne ihre ältere Schwester nicht vorzustellen. Wie sollte das alles werden? Aber dann überfiel sie der Gedanke an ihre Heimkehr: im Sommer war sie ja zu Hause, wenn sie mit ins Fort fuhr zum Umtausch, dann kam sie auch irgendwie zurück an den Marsh Creek.

Die Wintersonnenwende war schon lange vorbei, aber immer noch lag so tiefer Schnee, daß die Jäger sich breite Trittlinge unter die Füße banden, um nicht zu versinken.

Da wurde Mary in einer Nacht wach. Von der anderen Seite des Raumes vernahm sie die ruhigen Atemzüge der Schwestern, aber durch die Holzwand, an der sie lag, hörte sie laute Männerstimmen. Der Häuptling hatte wieder Besuch, wie oft nachts. Auch heute hatten sie am Abend erst lange über die Tageserlebnisse der Jäger, über die reiche Jagdbeute hier am Elchaugenfluß, über Fallen und Felle, Wind und Wetter geredet.

V

Es sprach immer nur einer, die anderen hörten bedächtig zu und schmauchten dabei ihre Pfeife. Über dem eintönigen Gemurmel war Mary bereits eingeschlafen; erst die laute, aufgeregte Stimme eines Kriegers hatte sie geweckt.

Bekannte Wortfetzen: „Die Kinder des Großen Onontio" so nannten die Indianer die Franzosen – „die Palisade" – damit meinten sie Fort Du Quesne – „Mais und Felle eintauschen", „neues Pulver", „Gewehre!"

Mary wurde hellwach und lauschte angestrengt, die Männer sprachen über die Reise zum Fort. Sobald die Sonne höher stünde, und der Schnee geschmolzen sei, wollten sie ihre Handelsware fortbringen und den notwendigen Schießbedarf eintauschen.

Einer wehrte sich: „Wir führen doch seit drei Wintern Krieg gegen die Langen Messer, die Weißen werden die großen Gewehre auf uns abbrennen."

Aber die anderen, auch der Häuptling, sprachen nicht nur für die Reise, nein, sie schlugen geradezu vor – Mary stockte der Atem – mit den Weißen im Fort, den Engländern, Frieden zu schließen. Allmählich einigten sie sich dahin, eine Delegation vorauszuschicken und die Frauen mit den Kanus und der Tauschware nachkommen zu lassen.

Der Lauscherin schwindelte es: „Frieden, Frieden!" Dann brauchte sie ja nicht mehr zu fliehen, dann konnte sie gehen, wohin sie wollte, fort von den Indianern zu ihren Eltern. Niemand konnte sie daran hindern.

In der Nebenkoje wurde es still. Die Männer gingen einer nach

dem anderen nach Hause, und bald fing der Häuptling sein gewohntes Schnarchkonzert an.
Mary stand leise auf, hockte sich zu dem Feuer und legte zu den verglimmenden Holzkloben neue nach. Wieder im Bett, blickte sie lange in die knisternden Flämmchen, die zwischen den Holzprügeln aufsprangen und schließlich mit heißem Hauch und leichtem Rauch zur Dachluke hinausstoben. Dann fielen dem Mädchen wieder die Augen zu.
Die Alten redeten von da ab ständig von diesen Plänen. Mary vernahm es noch oft, wie sie hin und her überlegten. Und noch öfter verschlief sie es.
Und der Vorfrühling brachte wirklich alles, was bis dahin nur in Marys Träumen geisterte. Die Indianer verließen ihr Winterdorf, wo keine weißen Krieger sie gestört hatten, und zogen zum Fischbach zurück; die Männer wieder durch den Wald, die Frauen und Mädchen auf ihren Kanus.
Auch dort war niemand von den Langen Messern gewesen, alles stand noch; die Hütten und die Vorratsgruben waren unversehrt.
Mary war voller Eifer, sie half die zerzausten Hütten in Ordnung bringen, sie half die Maisbeutel, die Otter-, Biber- und Marderfelle packen und sie in die Tragtaschen der Pferde oder in die Kanus verstauen. Sie half, wo sie konnte, es ging ihr nicht schnell genug.
Fünf Tage nach dem Aufbruch der Männer zogen auch die Frauen mit den Kindern und Jugendlichen und dem größten Teil der Tauschware langsam stromauf der Abordnung nach.
Der hochgehende Ohio zeigte das gleiche Gesicht wie im vergangenen Frühling. Aber es war eine andere Mary, die mitfuhr, nicht

mehr die verängstigte Gefangene, die einem ungewissen Schicksal entgegenging, die noch nicht einmal wußte, ob sie das Leben behielt. Nein, Marys blaue Augen leuchteten voll Zuversicht und Hoffnung, denn das Ziel rückte immer näher.

Ausgelassen winkte sie Hirschhorn und seinem Paddelkameraden zu, die ein schwer bepacktes Boot lenkten. Sie wollte sogar Rotschwingenamsel beim Paddeln ablösen, doch die wehrte ab: „Das geht während der Fahrt nicht. Halte nur die Fellbündel fest", ermahnte die Schwester, „wenn sie bei der starken Strömung über Bord gehen, fangen wir sie nicht mehr ein."

Mary nahm sich vor, still zu sitzen, aber je näher das Fort kam, um so größere Aufregung ergriff sie. Sie fieberte der kleinen Festung entgegen, dem letzten Vorposten der Weißen in dem unendlichen indianischen Urwald. Dort begann ihre Welt, die Sprache ihres Vaterhauses. Und statt der blauen Röcke der Franzosen, würde sie nun die roten der Engländer sehen.

Eines Nachmittags, die Sonne stand schon tief im Rücken der Fahrenden, tauchte die Palisade auf, eine Mauer braungrauer Stämme auf mächtigen Erdwällen. Marys Augen wurden feucht. Nur undeutlich sah sie das gewaltige Viereck näherrücken. Fort Du Quesne! Sie dachte an die blaue Decke, die sie vor einem Jahr schützend umhüllt hatte. Dankbarkeit überlief sie: bis hierher war sie bewahrt geblieben. Sie lebte noch. Wie würden sich die Eltern und Betsy über das Wiedersehen freuen!

Die Schwestern trieben jetzt das Kanu mitten über den Fluß zum anderen Ufer hinüber. Dort sollten sie die Männer mit ihren Nachrichten erwarten. Der Fluß war hoch angeschwollen und die gewaltige Strömung trieb sie immer wieder ein Stück zurück.

Mary sah jetzt das Fort genau vor sich. Ein blaues Rauchwölkchen erschien über den Wällen, darunter flammte ein scharlachroter Feuerstrahl. Dann krachte der Donner einer Kanone und vergrollte zwischen Wäldern und Hügeln.

„Das ist der Abendschuß", sagte das Mädchen leise vor sich hin. „So war es auch im vergangenen Jahr. Danach holten sie die Fahne ein." Mary wischte sich über die Augen, die nun wieder klar sahen.

Wie oft hatte sie das bunte Aquarell, das einzige Bild in der großen Stube des Elternhauses betrachtet. Es stellte ein Schloß in der Nähe Londons dar und von dem Turm wehte die englische Flagge. Und da auf einmal wehte sie jetzt auch! Das Tuch bauschte sich im Winde, und der rotblaue Achterstern strahlte festlich im Schein der untergehenden Sonne.

Mary gab es einen Stoß. Mit einem Ruck erhob sie sich, trat einen Schritt vor, und streckte die Arme aus. Die warnenden Rufe der Schwestern erreichten sie nicht mehr. Im selben Augenblick kippte das Boot und warf seine ganze Ladung in den Strom.

Als Mary wieder auftauchte, schwamm sie mit allen Kräften, aber die Strömung riß sie zurück. Da näherte sich ihr ein Boot und Hirschhorn rief ihr zu: „Hier hinten, genau am Heck kannst du dich festhalten, aber nicht einsteigen, sonst schlägt auch unser Kanu um."

Sie kam im Schlepptau rasch ans Ufer, fühlte Boden unter den Füßen und kletterte durch das niedrige Schilf an Land. Dort drückte sie ihre triefenden Sachen und das Haar aus und sah sich um. Jäher Schrecken durchzuckte sie. Wo waren die Schwestern geblieben? Mary sah mehrere Kanus an der Unglücksstelle kreuzen und nun wandte sich wieder ein Boot dem Ufer zu und brachte Rotschwingenamsel, ebenfalls im Schlepptau.

Mary stürzte der Geretteten entgegen, half ihr aus dem Wasser und umschlang sie fest, unverständliche Worte stammelnd. Und Amsel erwiderte die wilde Zärtlichkeit, als wollte sie die weiße Schwester nie wieder loslassen.

Aber auf einmal ließen beide die Arme sinken. Wie auf Kommando wateten die Mädchen zurück in das Uferwasser und blickten auf den Fluß hinaus: Sie sahen die Kanus noch an derselben Stelle paddeln. Ihre Stimmen wurden heiser vor Angst: „Unsere Schwester Elchkuh fehlt noch!"

Hirschhorn und sein Freund wußten selbst, daß sie nur zwei Mädchen gefunden hatten. Sie suchten und suchten, doch die Verunglückte tauchte nicht mehr auf. Jeder wußte, daß Elchkuh nicht lange schwimmen konnte, und so arbeiteten alle mit doppelter Hast. Einige junge Männer sprangen sogar in das reißende Wasser und die Kanus schlugen immer größere Kreise.

Einmal glaubte jemand das blauschwarze Haar der Verschwundenen zu sehen; es war aber nur ein mit langem Moos bewachsener Ast. Und so blieb das verzweifelte Suchen umsonst. Elchkuh kam nicht mehr an die Oberfläche, der Ohio ließ sie nicht mehr los.

Mit steigendem Entsetzen verfolgten Frauen und Mädchen, die nach und nach an Land gekommen waren, diese aufgeregten Bemühungen.

Allmählich wurde es dunkel. Da legten auch die letzten Kanus mit den tapferen Burschen an. Niemand sprach ein Wort. Zögernd begann man das Lager zu richten. Am flammenden Feuer halfen mitleidige Hände den beiden Geretteten in trockene Kleider und drückten sie dann auf Felle und Decken.

Rotschwingenamsel weinte laut. Mary saß wie versteinert da,

unfähig zu dem kleinsten Wort. Hatte sie nicht von der Ertrunkenen Liebe über Liebe empfangen? Und sie hatte nur an sich gedacht und ihre Ungeduld nicht gezügelt. Dieser Tod war ihre Schuld.
Auf einmal fühlte sie sich in den Armen Rotschwingenamsels und die sonst immer fröhliche Stimme klang tonlos und dumpf: „Nun bist du meine einzige Schwester." Eng aneinandergekuschelt schliefen die beiden Mädchen endlich ein.
Am anderen Morgen fieberte Rotschwingenamsel. Mary tat alles, was die Frauen rieten. Sie kochte einen bitteren Absud aus Tannenrinde, sie bettete die Kranke auf ein weicheres Lager und flocht den Windschirm dichter. Die Arbeit gab ihr Ruhe vor den jagenden Selbstanklagen.
Am Nachmittag fuhr sie mit dem Häuptling, den Adlerleuten und einigen Frauen, deren Waren sie mitschleppte, zu den Händlern. Denn außer einem Ballen Felle, das schwimmend geborgen werden konnte, waren alle Waren der Schwestern im Ohio versunken. „In unserem Kanu haben wir noch sechs Beutel Mais von Euch geladen, die Adlerjungen bewachen sie am Ufer. Du kannst sie auch für Rotschwingenamsel mit eintauschen", erklärte Rotauges Mutter. Ja, den Handel wollte Mary für Amsel noch abwickeln, aber dann würde sie alles tun, um zu ihren Eltern zurückzukehren. Gewiß, vorher wollte sie Amsel noch versorgen. Vielleicht verging die Erkältung rasch.
Je näher sie dem Fort kam, um so mehr stieg Marys Erregung. Dort sah manches anders aus als vor Jahresfrist. Diesseits der Brücke, noch vor dem Tor, hatten sich Händler angesiedelt. Sie wohnten in groben, zausigen Blockhütten. Dorthin konnten die Indianer gehen, in das Fort hinein durften sie nicht mehr. Oben auf den Wällen war an jeder der vier Ecken eine von dicken Baum-

stämmen umsäumte Plattform, auf der ein englischer Soldat Wache hielt. Gleich in ihrer Nähe sah sie einen solchen Soldaten, dessen obere Hälfte über den Palisadenzaun hinausragte. Er trug einen schwarzen Dreispitz, einen roten Rock und einen blauen Wollschal. Über der Brust kreuzten sich weiße Lederbänder, an denen Schwert, Kugeltasche und Pulverbeutel hingen. In der Hand hielt er eine lange Flinte.

Als Mary um sich blickte, sah sie viele neugierige Leute, meist Frauen und Kinder aus den Händlerhäusern auf sich zukommen. Englische Laute schlugen an ihr Ohr: „Mein Gott, wo kommst du denn her?"

Die Kinder umringten sie und eine Frau rief: „So ein zartes Mädchen mit blauen Augen! Wie bist du nur zu den Indianern geraten?" Und wieder eine andere fragte: „Wo bist du geboren? Hast du etwa den ganzen Winter bei dem roten Pack ausgehalten?"

„Nicht einmal ein Paar vernünftige Schuhe hat sie an! Und solche blödsinnigen Kleider!" Die Kinder lachten, und Fragen prasselten von allen Seiten auf Mary ein; ihre Blicke irrten von einem fremden Gesicht zum anderen. Da drängte sich ein grauhaariger Mann durch die Menge und rief: „Seid doch mal still, ihr macht die Kleine ja ganz verbiestert!"

Er nahm Mary bei der Hand und führte sie in sein Blockhaus. Hinter sich zog er die Tür zu. Die Indianer konnten mit ihrem Handel warten.

Der halbdunkle Raum war bis unter die Decke mit Waren vollgestopft: Tuchballen, Decken, Fässer, Säcke, Gewehre ...

Von irgendwoher rückte der Mann einen Stuhl herbei und setzte Mary darauf. „So, nun erzähle mal in Ruhe, wo du herkommst.

Ich schlage inzwischen Eier in die Pfanne. Siehst mir nicht aus, als hättest du bei der roten Gesellschaft etwas Vernünftiges zu essen bekommen."

Mary baumelte mit den Beinen, sie war schon nicht mehr gewohnt, auf einem Stuhl zu sitzen. Als die Herdflamme das Gesicht des Mannes beleuchtete, kam es ihr bekannt vor. Wahrscheinlich hatte sie den Händler früher schon gesehen.

Dann fing sie an zu erzählen von ihrem elterlichen Blockhaus und von dem Überfall.

„So, am Marsh Creek, voriges Jahr um diese Zeit . . . Nun iß mal erst", unterbrach er sie. Mary langte zu. Sie spürte das Mitgefühl des Mannes trotz seiner rauhen Stimme. Die Eier mit Speck schmeckten wie zu Hause.

Dann berichtete Mary weiter bis zu ihrer Abreise aus dem Indianerdorf. Das Bootsunglück auf dem Ohio verschwieg sie vorerst. „Wie alt bist du eigentlich", wollte der Händler wissen, „habe dich sicher als Kind gesehen, wenn ich deinen Vater mit Waren versorgte. Allerdings holte er sie meist von Jollys ab, wohin ich mit meinem Planwagen fahren konnte, bei Euch war der Weg zu schmal."

„Ich werde im Mai fünfzehn Jahre, meinen vorigen Geburtstag konnte ich gar nicht feiern."

„Was, fünfzehn Jahre wirst du schon, dafür bist du aber sehr klein und schmal geblieben."

„Tonia Jolly ist meine Freundin; sie ist ebenso alt wie ich, ich freue mich schon darauf, sie wiederzusehen."

„Jollys sind aber nach dem Überfall auf euer Blockhaus fortgezogen. Und ich weiß nicht mal wohin. Wohl in eine Stadt. Und wo willst du hin?"

„Natürlich zu meinen Eltern, zurück zum Marsh Creek."
„Zu deinen Eltern, weißt du denn nicht, daß deine Eltern..."
Der Mann stockte. Das Mädchen konnte ja gar nicht wissen, was nach ihrer Trennung mit den Eltern geschehen war.
Der Händler kratzte sich verlegen am Kopf. „Dein Vater wäre auch besser mit seiner Familie in Philadelphia geblieben; dort wäre er sicherer gewesen. An der Grenze ist schon mancher totgeschlagen worden."
In Mary stieg eine dunkle Ahnung auf. Sie stotterte: „Wo, wo sind meine Eltern?"
Der Mann räusperte sich. „Einmal mußt du es ja doch erfahren. Die Rauchwolke eures Hauses alarmierte die Nachbarn. Sie machten sich sofort an die Verfolgung. Die Indianer merkten es, und um schneller vorwärtszukommen, brachten sie alle Gefangenen um. Nur dich haben sie am Leben gelassen. Deine Brüder John und Thomas versteckten sich in der Scheune. Das war ihre Rettung."
Mary fuhr auf, als hätte sie ein Schlag getroffen. Dann sank sie auf den Stuhl zurück und starrte den Mann an. Hatte sie richtig gehört? Die Eltern waren tot?
Der Händler brummelte vor sich hin. Mary verstand nichts davon, aber der mitleidige Ton der rauhen Stimme sagte ihr genug. Der Marsh Creek versank, die ganze Welt kenterte und zeigte auf einmal ein neues, nie gesehenes Gesicht. Mühsam stand sie auf und schlich der Türe zu.
Der Mann hielt sie zurück. „Du möchtest doch sicher etwas verhandeln? Was hast du denn?"
„Sechs Beutel Mais und einen Packen Felle", stotterte sie.
„Sechs Beutel? Reichtümer hast du wohl nicht gesammelt! Hier nimm' mal!"

Er warf ihr eine Decke zu, blau mit schwarzen Mustern, riß von einem Ballen ein großes Stück rotes Tuch ab, tat noch zwei Beutel Pulver dazu und fünf Päckchen Salz. Mary konnte es kaum tragen, der Händler mußte ihr für die kleineren Sachen einen Sack geben.

Sie brachte nur ein heiseres Dankeswort heraus: „Ich bringe Mais und Felle sofort!"

„Dummes Zeug, deine Sachen behalte nur, und den Mais iß selbst. Siehst ja aus zum Umblasen!"

Damit schob er sie zur Tür hinaus. Das Mädchen schleppte sich zum Ufer. Die Adlerleute erschraken, als sie ihr bleiches Gesicht sahen, aber Mary sagte nichts. Sie mußten zweimal fahren, um alles hinüberzubringen, denn auch die Adlerleute hatten eine Menge zu transportieren.

Mary fand die Schwester halb bewußtlos. Unruhig warf sie sich auf dem Lager hin und her. Mary breitete die neue Decke über die Kranke, stopfte jeden Ritz an den Schultern und Seiten gut zu. Dann fiel sie selbst auf ihr Bett aus Tannenzweigen und weinte lautlos, unter ihre Decken versteckt, bis der Schlaf sie mitnahm.

Am nächsten Morgen fühlte sich Amsel etwas besser. Sie sah und spürte, daß die Schwester anders geworden war, stiller und ernster, und schob es auf das Unglück mit Elchkuh. Erst Tage später erfuhr sie, welche Veränderung in Marys Leben eingetreten war. Amsel fühlte dumpf den Zusammenbruch heimlicher Hoffnungen und das Suchen nach einem neuen Anfang. „Nun bleiben wir zusammen", flüsterte sie, „ich will dir Betsy ersetzen."

Von nun an lag der Haushalt auf Marys Schultern allein. Ihre einzige Hilfe blieb der gute Hirschhorn, aber er war eben ein Mann und verstand vom Haushalt nichts, und auch nichts vom

Englischen, mit dem man sich im Fort doch verständigen mußte. Sie erbat sich, ihre Hautfarbe nutzend, von gutmütigen Leuten einige Töpfe und Kessel, denn ihre eigenen Geräte lagen ja auf dem Grunde des Ohio. Sie kochte, was ihr an leichten Gerichten einfiel.

Von dem englischen Doktor im Fort holte sie sogar ein Mittel gegen Fieber, das Amsel half. Sonst kümmerte sie sich um die Weißen aber nicht mehr; sie gab kurze Antworten und vermied lange Unterhaltungen.

Nach drei Tagen packte sie die Schwester, die wieder ein paar Schritte gehen konnte, in das Kanu und machte sich mit Hirschhorn auf die Rückreise. Sie fuhren als erste ab. Der Junge paddelte hinten im Stern, Amsel saß gut eingehüllt in der Mitte, und Mary führte das vordere Paddel. Ihre Knie schmerzten, ihr Rücken tat weh, aber sie strebte unermüdlich vorwärts, bis sie den heimatlichen Fischfluß auftauchen sah. Traurig begrüßte sie den Kastanienbaum, der alle seine Kerzen aufgesteckt hatte. Tränen stiegen in ihr hoch. Die Toten kamen nicht wieder, im Fort war allzuviel Hoffnung zurückgeblieben.

Monate später, als das Leben wieder in seinem alten Geleise lief, bis auf die Lücke am Feuer und das schwarze Loch in ihrer Erinnerung, erfuhr Mary, was ihr während der Unglückstage entgangen war. Du Quesne hieß gar nicht mehr Du Quesne, sondern Fort Pitt. Und der Häuptling, mit dem letzten Kanu zurückgekehrt, wußte noch mehr. Die Weißen waren am Tage nach Marys Abfahrt zum Westufer herübergekommen und hatten nach ihr gesucht. „Als sie dich nicht fanden, sind sie ganz betrübt auf die Ostseite zurückgekehrt.“

„Aber ich habe dem Arzt doch gesagt, daß ich jetzt erst für meine kranke Schwester sorgen muß", verwunderte sich Mary. Noch mehr verwunderte sie sich, als eines Abends der Geier ihre Wangen strich und ungewohnt freundlich zu ihr sagte: „Du bist meine kleine liebe Schwester." Dabei zitterten seine Hände und aus seinen Augen liefen Tränen. Auch für ihn war ja bei Fort Pitt eine Hoffnung versunken. Aber ein Krieger durfte sich doch keinen Kummer anmerken lassen. Vielleicht kamen die Tränen von seinen entzündeten Lidern, wie so oft bei Leuten, die nachts lange am Feuer saßen.

VI

„Und dann, Owaniyo, du bist ein Hörer und Helfer, und du weißt, daß Dehewämis, Rotschwingenamsel und meine Schwester Frühlingswind an den Genesee reisen wollen, und so hilf ihnen auf ihrem weiten Wege, mache den Himmel klar und räume die Dornen von ihrem Pfade . . .
Oh, ho, ho!
Sorge, du großer Helfer oben, daß sie glücklich ihre Reise beenden und daß sie unterwegs genug Truthähne erlegen und genug Fleisch zu ihrem Maisbrei haben . . .
Oh, ho, ho!
Laß', du großer Helfer oben, ihr Kanu nicht an Felsen stoßen und nicht in die starken Wirbel der Strömung geraten . . ."
Die Stimme des Häuptlings wurde leiser und leiser, das Gebet zu Owaniyo, der „Großen Stimme" im Himmelslande oben, verhallte allmählich, die sehnsüchtige Bitte des ‚Oh, ho, ho' verklang.
Mary sah das lange Haar des Geiers im Morgenwind wehen. Hinter ihm am Ufer stand das ganze Dorf. Die vertrauten Gesichter wurden undeutlich, die Hütten Fischbachs kleiner, und nur die Kastanie grüßte mit ihrer Riesenkrone, als könnte ihr keine Entfernung etwas anhaben.
Vorwärts schoß das Kanu gegen die herbstlich müde Strömung und entführte die Zurückblickende dem heimatlichen Dorf, das ihr eine Zuflucht geworden war.
Vorn im Stern paddelte Amsel, im Heck saß Hirschhorn. Sie wollten sich ablösen, damit jeder einmal ausruhen konnte.

Mary lächelte dem Gefährten zu. „Ich bin froh, daß du wenigstens bis zur Hälfte mitfährst, denn" – sie zögerte einen Augenblick – „mein neuer Bruder Kleinfalke ist mir noch ein wenig unbekannt. Und im nächsten Frühling kommst du zum Genesee, nicht wahr?"

Hirschhorn nickte. „Ich helfe meinen Leuten noch diesen Winter und dann folge ich dir."

„Hast du eigentlich am Genesee Verwandte? Dein Onkel und deine Tante wohnen doch hier am Fischbach?"

„Das ist wohl richtig. Aber ich gehöre zum Hirschclan, und eine Hirschfamilie gibt es auch im Dorf des Kleinen Bart am Genesee. Das hat mir Kleinfalke erzählt. Die Hirschleute sind alle miteinander verwandt, ebenso wie die Falken, zu denen du gehörst."

Hirschhorn druckste verlegen. „Und dann bist du ja auch noch da, in diesem Dorf am Genesee!"

Ein besonderer Klang lag in der Stimme des Gefährten. Mary wurde rot und blickte über den Strom hinaus. Sie winkte zu dem zweiten Kanu hinüber, als ob Hirschhorn dort drüben führe. Aber dort paddelten Frühlingswind und Kleinfalke, der gekommen war, die Mädchen zu holen.

Mary grübelte. Wie war das eigentlich alles gekommen? Der Tod Elchkuhs mußte rasch in ihrer alten Heimat am Genesee bekannt geworden sein, denn vor einem Monat erschien plötzlich ein Bote von dort, der neue, nie gesehene Bruder Amsels mit Namen Kleinfalke. Er brachte eine Einladung, die halb wie eine Aufforderung, halb wie ein Befehl klang: die beiden Mädchen sollten nicht länger am Fischbach bleiben, sondern zum Genesee kommen. Dort lebte noch die alte Mutter, und sie sehnte sich, ihre leibliche Tochter Amsel wiederzusehen und ihre Adoptivtochter Mary ken-

nenzulernen. Und ebenso dachten die dortigen Verwandten: Mutterbrüder, Mutterschwestern, Schwesternsöhne und Schwesterntöchter.
Wunderliche Gefühle hatten Mary befallen, als sie sich auf einmal im Mittelpunkt einer großen Familie fand, von der sie bisher nur schattenhafte Vorstellungen besaß. Doch der brüderliche Bote betonte vor allem den Wunsch der Mutter: „Unsere Mutter hat mich geschickt. Sie will mit dir an einem Feuer sitzen und aus einer Schüssel essen. Ich selbst bin gekommen, weil unsere Mutter fürchtete, ihrer weißen Tochter werde die weite Reise zu schwer ohne Hilfe."
Mary hatte verwirrt gedankt. Da war also dieser Mann Tage und Wochen gelaufen – der Himmel allein mochte wissen, hinter wieviel Bergen und Wäldern der Geneseefluß und das Dorf dieses Kleinen Bart lag –, um ihr zu helfen, um einer Schwester beizustehen, die er nie gesehen hatte. Das Wort der Mutter genügte, diesen Riesenkerl in Marsch zu setzen.
Zum ersten Male spürte Mary die Zugkraft einer übermächtigen Gewalt: den Wunsch einer irokesischen Mutter. Diese unbekannte Frau, irgendwo im Nordosten, zehnmal so weit wie der Marsh Creek, bestimmte offenbar das Geschick aller Familienangehörigen, auch das ihrige. Sie vernahm immer nur das eine Wort, das jeden Zweifel beendete, jeden Entschluß steuerte und jeden Gehorsam forderte: „Mutter", „meine Mutter", „unsere Mutter".
So fügte sie sich denn in die ferne Fremde, halb getröstet von einer Eröffnung, die Hirschhorn am Tage vor der Abreise machte: „Im nächsten Frühling komme ich dir nach an den Genesee."
Nun fuhr er mit bis zu einem Dorf am oberen Biberfluß – „Falschgesicht" hieß es – und von dort sollte er mit einem Kanu wieder

zurückkehren. Bis dorthin reichte der Wasserweg, von dort ab mußten die Reisenden reiten oder zu Fuß gehen.

Der Blick des Mädchens suchte in der Ferne, wo der Fischbach hinter einer Strombiegung verschwand. Ob sie ihr Ohiodörfchen wiedersehen würde? Der Wunsch, zu ihren weißen Brüdern nach Virginien zu gehen, bewegte sie; doch dieses Verlangen zog nicht so unwiderstehlich, wie es sie zu den Eltern zurückgezogen hatte. Sie kannte den Großvater kaum, sie war nie in der Gegend von Richmond gewesen, und seitdem der Friede mit den Engländern ihr den Weg öffnete, eilte es ihr nicht mehr. Seitdem sie gehen konnte wohin sie wollte, hielten sie Schwestern und Freundinnen zurück, fester als es alle Verbote getan hatten.

Im Sommer pflegte der Wasserstand des Ohio tief abzusinken, die Strömung verlor an Kraft, und das Paddeln gegen den Strom fiel dann wesentlich leichter. Schneller als im Frühling passierten sie Fort Pitt und bogen in den Allegheny ein, um ihn bis zur Mündung des Biberflusses aufwärts zu fahren bis Falschgesicht. Dort hatte Kleinfalke Packpferde eingestellt.

Am Nachmittag des zwanzigsten Tages erreichten sie das Dorf und wurden freundlich aufgenommen. Der Häuptling brachte sie in einer Hütte unter, die niemand sonst bewohnte. Acht Tage ruhten sie hier aus, um Kräfte für den kommenden Fußmarsch zu sammeln, umschirmt von der Stille der kahler werdenden Wälder. Hirschhorn zögerte mit der Umkehr, er gab einen Tag und noch einen Tag zu und blieb schließlich, bis der Aufbruch und damit die Trennung vor der Tür stand.

Vielleicht hielt ihn der schöne Indianersommer, vielleicht auch Kleinfalke, mit dem er sich angefreundet hatte. Der neue Bruder zeigte sich von seiner besten Seite. Seine dichten Augenbrauen, in der Mitte fast zusammengewachsen, gaben ihm etwas Finsteres, und seine Riesengestalt sah auf den ersten Blick zum Fürchten aus, aber in Wirklichkeit war der Bruder von Herzen fröhlich. Er steckte voll lustiger Geschichten.

Wenn sie abends nach dem Essen draußen am Feuer saßen und die Jagderlebnisse des Tages besprochen waren, dann belebten sich Kleinfalkes düstere Züge, und er begann zu erzählen. Es war, als ob ihn das Lachen der Mädchen anregte. Amsel, Frühlingswind und Mary konnten gar nicht genug hören, und so stand der Mond oft hoch, ehe die fröhliche Runde auseinanderging und die Schlafplätze aufsuchte.

Der Bruder knüpfte immer an eine Tatsache an, doch was dann folgte, war manchmal schwer zu glauben. „Die schweren Kanus der Weißen taugen nichts", sagte er einmal.

„Das glaube ich nicht", warf Mary ein. Sie wußte nichts davon, daß die Irokesen in früheren Zeiten einmal der Schrecken aller umliegenden Stämme waren. Ihre weiten siegreichen Kriegszüge von den Seen bis zur Chesapeakebai verdankten sie nur der Schnelligkeit ihres Rindenkanus.

„Das glaubst du nicht! Soll ich euch mal die Geschichte meines alten Freundes Himmelmann erzählen?"

„Ja, ja!" klang es von allen Seiten.

„Himmelmann war ein guter Jäger, der überall herum jagte. Er kam auch oft in unsere Gegend und hat mir manchen Kniff beim Fallenstellen gezeigt und viele drollige Geschichten erzählt.

Er wohnte lange noch nach Sonnenaufgang zu, als dort schon alles mit Weißen besiedelt war. Die Weißen schätzten seine Jagdkenntnisse. Eines Tages wollte einer von den Siedlern auf die Jagd gehen und bat Himmelmann, ihn zu begleiten. Mein Freund sollte den Fährtensucher machen, denn davon verstehen die Weißen nichts." Kleinfalke stopfte seine Pfeife, zündete den Tabak an und blies den Rauch in alle vier Richtungen.

„So machte es auch damals mein Freund, um mir zu zeigen, daß seine Erzählung wahr sei."

Die Zuhörer waren nun doppelt gespannt und rückten näher.

„Himmelmann verabredete als Treffpunkt mit dem Weißen eine Landzunge am nahen Flußufer, wo im Röhricht der Kahn des Weißen versteckt lag. Mein Freund fand sich zeitig ein, setzte sich in das starke Plankenboot und schmauchte – so wie ich jetzt – seine Pfeife.

Wie er so dasaß und seine Augen über das Wasser wandern ließ, hörte er auf einmal ein Rascheln, einen Plumps und ein Plätschern. Er beugte sich vor, spähte durch das Schilf und sah, wie eine Bärin mit weitausholenden Stößen vom Ufer in die Strömung ruderte, um den Fluß zu überqueren.

Mein Freund überlegte, denn sein weißer Jäger mußte jeden Augenblick kommen. Ich werde die Bärin zum Ufer zurückscheuchen, dann kann der Weiße sie gleich abschießen und hat die erste Beute, noch ehe er ins Boot steigt.

Gesagt, getan. Er legte die Riemen ein und trieb den Kahn der Bärin quer in den Weg. Aber das Tier wich dem Boot aus und schwamm weiter. Himmelmann wandte sein Schifflein und ruderte zum zweiten Mal an der Nase der Bärin vorbei. Wieder machte das Tier einen Bogen, ließ sich aber von seinem Vorhaben nicht abbringen.

Kühn geworden, steuerte mein Freund zum dritten Mal sein Opfer an, so nahe, daß die Schnauze fast die Planken des Kahns scheuerte. Aber als das Hinterteil des Fahrzeugs an der Bärin

vorbeirauschte, griff sie an das Heck und kletterte ganz behaglich hinein. Da saß sie nun und schaute Meister Himmelmann so ruhig und gemütlich ins Gesicht, wie es nur ein Bär tun kann.
Meinem Freund versagte vor Schreck die Sprache. Er hatte als einzige Waffe ein Messer bei sich. Auch mit dem zähen Eschenruder dem gefährlichen Passagier zu Leibe zu gehen, wagte er nicht, denn er wußte, welche Schläge ein Bärenschädel auszuhalten vermag.
So saßen die beiden und guckten sich an. Die Bärin zwinkerte mit ihren kleinen Äuglein dem Ruderer gemütlich zu, während Himmelmann entsetzt auf seinen schwärzlichen, zottigen Fahrgast starrte, der seine Künste so unerwartet ausnutzte.
Endlich überwand mein Freund den ersten Schreck und begann leise mit dem Ruder zu plätschern und wie von ungefähr zu dem verlassenen Ufer zurückzugleiten.
Aber damit schien die Bärin gar nicht einverstanden. Sie sträubte ihr Haar fürchterlich, fletschte die Zähne und rückte ein Stück auf Himmelmann zu.
Eilig warf mein Freund das Boot herum und strebte wieder dem jenseitigen Ufer zu. Sobald das Fahrzeug die gewünschte Richtung einschlug, nahm auch die Bärin ihren alten Platz wieder ein und blieb zufrieden am Heck sitzen.
Das Boot hatte schon die Hälfte des Flusses überquert, als Himmelmann noch einmal versuchte, zum alten Ufer zurückzuwenden, um seinem weißen Jäger die Jagdbeute entgegenzuführen.
Aber kaum merkte die Bärin die Wendung, als sie erneut mit Zähneblecken, Grunztönen und Vorrücken ihren Unwillen zu erkennen gab.
So blieb Himmelmann nichts anderes übrig, als den unerwünsch-

ten Passagier vollends über den Fluß zu rudern. Dort kletterte die Bärin ruhig ans Ufer, maß den hilfreichen Ruderer mit einem zufriedenen Blick, brummte und trabte dem Walde zu, wo ihre Kinder warteten, während auf der anderen Flußseite der weiße Jäger schon ungeduldig mit seiner Flinte in der Luft herumfuchtelte.
Mein Freund Himmelmann hat seitdem eine unüberwindliche Abneigung gegen die Plankenboote der Weißen. Er ist seitdem nie wieder in solch einem Boot gefahren."
Alle lachten; Amsel und Mary kicherten wie in früheren Tagen.
Amsel zwinkerte Hirschhorn zu: „Wir hatten doch auch ein Erlebnis mit einem Bären. Es ist schon ein paar Jahre her, erzähl' doch mal", bat sie Hirschhorn. Aber der wurde rot und wollte nicht mit der Sprache heraus.
„Na, dann hört mal zu", flötete sie und zwinkerte mit den Augen. „Einmal war ich zum Holzsuchen im Wald, da zog plötzlich ein Unwetter herauf, und mir fiel das Zuckersiedehäuschen ein, am Rand des Ahornhains. Ich lief so schnell ich konnte und trat ein, als auch schon der Regen herunterprasselte und Blitz auf Blitz folgte. Innen war es stockdunkel, und ich tastete mich in eine Ecke, wo ich niederhockte und es mir bequem machte.
Draußen tobten Sturm und Regen immer lauter. Bald darauf hörte ich tapsende Schritte und sah ein dunkles, undeutliches Etwas durch die Tür kommen.
Ein Bär! Ein Bär, dachte ich, drückte mich vor Angst an die Wand, und hielt beide Hände schützend vor mein Gesicht.
Der neue Gast hörte es rascheln und entdeckte seinerseits ein schattenhaftes Ungetüm, das in der Ecke hockte: Ein Bär, fuhr es ihm durch den Kopf."
„Sei still", bat Hirschhorn, aber Amsel ließ nicht locker.

„Ihm zitterten die Knie, und er kroch in die entgegengesetzte Ecke.
Als ich ihn kriechen sah, starb ich fast vor Schrecken: es war wirklich ein Bär! Und was für einer! Vielleicht gar ein Grisly, ängstigte ich mich. Ich flehte meinen Traumgeist an und schloß mit dem Leben ab.
Der Eindringling erwartete auch einen Angriff des vermeintlichen Bären, aber da nichts erfolgte, dachte er, ‚es ist doch etwas anderes'. Er wollte fragen: ‚Bist du ein Mensch?' Aber seine Kehle war wie zugeschnürt, und er brachte nur ein Knurren und Rasseln hervor.
Als ich das Gebrumm vernahm, fingen meine Zähne an zu schnattern und"... Amsels Stimme fiel in den Flüsterton, „meine Leggins wurden naß, als ich vor Angst zur Tür krabbelte, um davonzurennen." Amsel lachte, und nun fiel Hirschhorn ein:
„Ja, und ich glaubte, du kämest, um mich zu fressen und auch meine Leggins wurden naß. Und erst als der Wind das Fell an der Eingangstür hob und das Licht eines Blitzes hereindrang, erkannte ich dich."
Das Gelächter stieg mit dem Flackern des Feuers in den Nachthimmel. Kleinfalke fiel die Pfeife vor Vergnügen aus dem Mund, Hirschhorn kämpfte zwischen Lachen und Verlegenheit, doch die drei Mädchen lachten von Herzen und konnten gar kein Ende finden. Der Mond stand hoch, ehe die Fröhlichen auf die Schlafbank fanden.
Die Heiterkeit dieser Tage erleichterte den Abschied von Hirschhorn. Er fuhr zurück, beladen mit Grüßen an die Freunde am Fischbach. Am gleichen Tage brachen auch die drei Mädchen und Kleinfalke auf mit zwei Packpferden, nur in anderer Richtung.

Für Mary wurde der Marsch zu einer drückenden Anstrengung. Der gefürchtete Herbstregen setzte mit Macht ein, und die Nässe schlug bald durch die hirschledernen Kleider bis auf die Haut. Der Pfad lief als schmale Rinne durch den unendlichen Wald, über Hänge und durch Täler.

Ohne die Ortskenntnisse des Bruders ließe er sich kaum verfolgen. Bei jedem Guß verwandelte er sich in einen trüben Bach, in dem das Wasser knöcheltief dahinschoß. Fand sich keine Hütte, so mußten sie ein Lager im Wald beziehen. Kleider und Decken trieften wie vollgesogene Schwämme. Von den dicht verschlungenen Baumkronen sickerte Nässe; Nässe stieg auch aus dem feuchten Laub am Boden. Und fuhr einmal ein Windstoß durch die Äste, dann warf er einen zusätzlichen Schauer wässerigen Geprassels herab. Versagte Stahl und Stein, weil der Zündschwamm feucht war, dann gab es auch kein Feuer und eine Handvoll Mais mit etwas Trockenfleisch mußte das warme Essen ersetzen.

Feucht, naß und kalt legten sie sich an solchen Tagen zum Schlafen nieder, aber die klammen Decken ließen kein Gefühl der Wärme aufkommen. Den Pferden erging es nicht anders. Mit hängenden Köpfen suchten sie ihren Weg und zupften abends lustlos an den glitschigen Halmen.

Das Schlimmste aber kam am Conewango Creek. Dieses Wasser lief quer zur Marschrichtung und mußte irgendwie überwunden werden. Der Bruder hatte schon Tage zuvor sorgenvolle Reden geführt, ob sie wohl noch hinüberkommen würden, bei dem lauernden Regen stiege der Wasserstand täglich.

Wirklich brauste und strudelte der Bach mit Hochflut, aber trotzdem kamen sie nicht zu spät, die Strömung reichte nur bis zur Satteldecke – bis auf einige Schritte in der Mitte. Hier mußten

Kleinfalke und die Pferde schwimmen. Das Gepäck kam glücklich hinüber, dann folgten Frühlingswind und Amsel. Als der Bruder beim dritten Übersetzen Mary mitnahm, legte sich das Reittier mitten im Bachbett auf die Seite und versuchte seine Last abzuwerfen. Mary klammerte sich an den Hals des Tieres und geriet dabei unter Wasser. Halbtot erreichte sie das Ufer.

Später kam es dem jungen Mädchen wie ein Wunder vor, daß weder sie noch die beiden anderen bei den Strapazen krank wurden. Selbst die Durchquerung des Conewango Creek ging ohne Erkältung und Fieber vorüber.

Von nun an bot der Pfad keine Schwierigkeiten mehr. Nur der Regen rauschte unablässig. Eine gastliche Hütte oder gar ein Dorf fand sich nicht oft.

Der Bruder tat alles, um Mary die ungewohnten Anstrengungen zu erleichtern: er schleppte selbst einen Teil des Gepäcks und ließ Mary reiten, er teilte den Weg in kleine Tagesmärsche ein, er erzählte lauter drollige Geschichten. Trotzdem verfiel die Schwester zusehends, obgleich sie sich Mühe gab. Amsel und Frühlingswind dagegen ertrugen ihre tägliche Mühsal ohne Klagen. Immer dichter wob sich der Schleier der Erschöpfung um Mary. Fremdartige Namen vorbeihuschender Dörfer wie: „Starker Strudel", „Unter den Zitterulmen", „Wo die Himmel auf der Erde ruhen", erreichten sie kaum noch. Bei dem letzten gelangten sie an den Genesee. Hohe Felsen tauchten auf und erinnerten an die Berge am Marsh Creek.

„Den Fluß kannst du hier nicht sehen; er fließt in einer ganz tiefen Schlucht zwischen Felswänden. Ab und zu fällt er tief hinunter, am tiefsten weit oberhalb unseres Dorfes. Das Rauschen hört man ja bis hierher."

Amsel erklärte noch vieles, aber Mary sah die neue Heimat wie durch einen Vorhang. Nur mit äußerster Willensanstrengung schleppte sie sich vorwärts. Eines Tages tat sich eine Niederung auf, in großen Schleifen durchzogen vom Genesee, umrahmt von blauen Hängen. Halb abwesend vernahm sie einen Namen, den der Bruder ihr zurief: „Das Dorf des Kleinen Bart!"
In einem Kanu ging es über den Strom auf die Ostseite. Die vertrauten Langhäuser tauchten auf, in langer Zeile an einer Straße aufgereiht. Rufe wurden laut: „Dehewämis! Dehewämis!"
Menschen umdrängten Mary, freundliche Worte schlugen an ihr Ohr. Kräftige Arme stützten sie und führten sie zu einem Haus, über dessen Tür ein rotgemalter Falke prangte.
Doch ehe Mary über die Schwelle stolpern konnte, fand sie sich in den Armen einer Indianerin, einer stattlichen Frau mit halblangem grauen Haar. „Da bist du ja endlich, mein Töchterchen", hörte sie eine zärtliche Stimme. „Nun bist du zu Hause, bei deiner Mutter!"

VII

Mühsam sammelten sich Marys Sinne, als sie in ihrer neuen Heimat zum ersten Male erwachte. Sie fand sich auf einer Schlafbank wieder. Ein kräftiger Geruch stieg in ihre Nase, ein Geruch, den sie kannte: so roch die wilde Kamille am Elchaugenfluß. Kurz vor dem Einfall des Frostes hing dieser Duft überall. Sie atmete tief. Wo war sie nur?

Ihre Augen tasteten eine große, dämmerige Kammer ab. Die niedrige Balkendecke, die rauhen Rindenwände hatte sie schon einmal gesehen; das gab es nur in einem Langhaus. Sie drehte sich auf die Seite, und da fiel ihr Blick auf das Gesicht der Falkenmutter, der großen Indianerin, die sie umarmt hatte, bevor ihr die Sinne schwanden. Die dunklen Augen lächelten, die starken Hände hielten einen Strauß trockener Kamille, mit dem sie langsam über das Gesicht der Erwachenden fuhr, einmal und noch einmal.

„Wie hast du geschlafen, meine Tochter?"

„Gut, sehr gut habe ich geschlafen, meine Mutter." Die Anrede glitt Mary ganz selbstverständlich von den Lippen.

„Weißt du auch, wie lange du geschlafen hast?"

„Eine Nacht sicher, oder vielleicht noch etwas länger. Ich war ja so müde!"

Die Mutter lächelte. „Gewiß eine Nacht, aber dann noch einen ganzen Tag und noch einmal eine Nacht."

Mary fuhr überrascht auf. „Davon weiß ich ja gar nichts!"

„Zwischendurch bist du wohl ein paarmal halb zu dir gekommen; Amsel und Frühlingswind haben dich gefüttert, doch davon weißt du natürlich auch nichts. Wie fühlst du dich jetzt? Kannst du ein wenig aufstehen?"

Mary richtete sich auf und erhob sich langsam. Schwäche und Schwindel warfen sie fast zurück, sie torkelte, aber die Mutter hielt sie fest und drückte sie sanft auf den Rand der Schlafbank zurück. „Ich rufe jetzt Amsel und Frühlingswind. Sie sollen mit dir an die frische Luft gehen." Aber das Rufen war unnötig, die beiden hatten gehört, daß Mutter und Schwester miteinander sprachen. Jetzt stürmten sie herein und sprudelten über von Fragen.

„Seid still", wehrte die Mutter ab, „kämmt jetzt das Haar meiner Tochter, dann zieht ihr sie an und geht mit ihr ein wenig draußen auf und ab."

Gehorsam taten die Mädchen, was die Mutter befahl. Der langzinkige Knochenkamm fuhr durch Marys Haar, etwas hastig wie immer bei Amsel. Dann flochten flinke Finger die gewohnten Zöpfe. Frühlingswind brachte einen Rock, eine Hose – Leggins genannt – und eine Ärmeljacke aus blauem Tuch, mit breiten Säumen, bunt bestickt mit Blüten, Zweigen und Bäumchen. Die Sachen paßten nicht so recht, unter den Ärmeln zwickte die Jacke, und der Rock war etwas weit, aber sie rochen ganz neu und anders als hirschlederne Kleider.

Liebevoll von Schwester und Freundin geführt, trat Mary hinaus. Auf der breiten Dorfstraße lag helle Sonne. Es mußte geregnet haben, denn die „Straße" bestand eigentlich nur aus Pfützen, Schlamm und Löchern. An der Seite, wo die Häuser standen, war der Boden fest; hier konnte man gehen, ohne bis über die Knöchel im Schmutz zu versinken.

Ausgerichtet wie eine Reihe Soldaten besetzten die mächtigen

Giebelhütten die eine Seite des Dorfweges; auf der anderen begannen Wiesen, die sich einen Hang hinunterzogen, vergilbt und glitschig. Dort unten, wo die Wiesen bei einzelnen Weidenbüschen endeten, dunkelte der breite Spiegel eines schwer dahinströmenden Flusses. Das mußte der Genesee sein.

Zwischen den Häusern, die ihre Giebel der Straße zukehrten, wucherten Brennesseln. Hinter ihnen reckte ein Hain wilder Pflaumen seine kahlen Äste. Nach der offenen Seite hin über den Fluß hinweg dehnte sich das Land endlos: ein riesiger, hoher Himmel wölbte sich über der flachen Weite.

Gleich vor der Haustür hatten sich den Spaziergängerinnen zwei kleine Mädchen angeschlossen. Sie liefen still hinter ihnen her und starrten Mary unverwandt an. Frühlingswind machte schließlich auf dieses Gefolge aufmerksam. „Die beiden gehören auch zu dir, es sind deine Nichten ‚Schwälbchen' und ‚Wirbelwind'. Sie haben schon das ganze Haus aufgeregt mit ihren Fragen nach der neuen Tante."

Mary drehte sich um und streichelte den Kleinen die Wangen. Das genügte, um die Bekanntschaft herzustellen. Große Begrüßungen gab es hier nicht. „Hier wohne ich", erklärte Frühlingswind weiter, als sie sich der nächsten Giebelhütte näherten, die ebenso breit wie die anderen am Wege klotzte. Ein schlanker Reiher mit gebogenem Hals prangte über der Tür. „Da kommt das Schnepfenhaus und dann das Hirschhaus! Aber nun wollen wir umkehren, es wird dir sonst zu viel mit den neuen Gesichtern und Namen, nicht wahr?"

„Das macht nichts", warf Amsel ein, „bald kennst du alles und alle genau wie wir!"

Mary nickte. Irgend etwas fiel ihr an dem stillen Dorf auf, doch sie wußte nicht was. Sie spürte auf einmal einen grabenden Hunger und knickte fast vor Schwäche in den Knien ein, als sie das Essen der Mutter roch. Es gab Laubkuchen, Hirschfleisch und Maisbrei, so viel sie wollte. Danach kroch sie wieder auf die Schlafbank.

Tag für Tag ging es rascher aufwärts, bald konnte Mary wieder ohne Hilfe gehen. Das große Haus öffnete sich ihr langsam, Kammer um Kammer.

Eines Nachmittags, als sie von ihrem Spaziergang zurückkam, rief sie ein langer, grauhaariger Mann an: „Komm her, meine Nichte, und setze dich zu meinem Feuer!"

Mary tat es, war es doch der Mutterbruder „Getüpfelte Feder", der in der Koje neben ihnen wohnte, und der aus dunklen Gründen eine große Rolle im Falkenhause spielte. Bis jetzt hatte sie den Onkel nur flüchtig gesehen und begrüßt. Er sah so aus, wie Mary sich immer einen Indianer vorgestellt hatte. In seinem schmalen, glatten Gesicht saß eine richtige Adlernase, und oben in seinem Haarknoten stak stets eine einzige, manchmal etwas zerrupfte Feder.

Der Onkel blickte sie freundlich an. „Ich freue mich, daß du gekommen bist." Er schwenkte seine Pfeife in die vier Himmelsrichtungen, nach oben und unten. „Mögest du dich wohlfühlen und in unseren Herzen eine neue Heimat finden!"

Getüpfelte Feder tat immer sehr würdig und sprach meist, als säße er in der Ratsversammlung. Mary dankte und suchte nach einem Gesprächsstoff. Sie musterte den Onkel verstohlen, da kam ihr plötzlich in den Sinn, was sie hier im Dorf des Kleinen Bart so merkwürdig gefunden hatte.

„Sage, mein Onkel, warum gibt es hier keine Männer?"

Getüpfelte Feder legte seine Pfeife fort. „Ja, das kannst du nicht wissen. Am Tage vor deiner Ankunft sind unsere Krieger ausgerückt, um eine Kolonne der Rotröcke anzugreifen. Diese Rotröcke wollen Fort Schlosser" – der Onkel sagte „Folt Schlossel" – „erobern. Diese Palisade gehört nämlich den Kindern des großen Onontio."

Der Onkel drückte sich altmodisch aus: er sprach von den „Kindern des großen Onontio", statt von den Franzosen. Mary wunderte sich. „Aber warum denn, mein Onkel? Am Ohio haben die Engländer die Franzosen längst verjagt und mit den Häuptlingen Frieden geschlossen. Gibt es denn hier noch Franzosen?"

„Ja, hier gibt es die Blauröcke. Sie sitzen in Fort Schlosser. Die Rotröcke, oder die Engländer, wie du sagst, hausen in Fort Erie."

Mary staunte. Sie wußte natürlich, daß Kanada den Franzosen gehörte, sie wußte aber nichts davon, daß die französische Sache seit dem Sieg General Wolfes bei Quebec hoffnungslos stand. Noch weniger wußte sie, daß die Engländer und Franzosen nicht nur hier um den Besitz Nordamerikas kämpften, sondern daß sie auch im fernen Europa um das Schicksal der Neuen Welt rangen. Denn auch dort, jenseits des Ozeans, entschied sich, ob Nordamerika englisch oder französisch wurde.

Aber Mary hatte niemals den Namen Friedrichs des Großen gehört, dessen Siege im Siebenjährigen Kriege auch die englische Sache stärkten, niemals auch den Namen der Kaiserin Maria Theresia, deren Niederlagen auch die Niederlagen der Franzosen in Kanada besiegelten.

Und die indianischen Verwandten Marys wußten von alledem erst recht nichts. Der Kanonendonner von Quebec gab eben in den unendlichen Wäldern des Ohio und in den mächtigen Ebenen des Genesees nur einen schwachen Widerhall.

Lange sprach das Mädchen mit dem Onkel. Sie merkte bald, daß er ganz auf Seiten der Franzosen stand und sich über alle Vorgänge Gedanken machte. „Denken denn alle Leute hier im Falkenhause und im Dorf so wie du? Und weshalb denken sie so?"

Getüpfelte Feder spürte, wie wenig die weiße Nichte von ihrem indianischen Adoptivvolk wußte und holte weit aus. „Hier im Süden des großen Sees, den wir Ontario nennen, wohnen die fünf Stämme des Irokesenvolkes. Die wenigen Dörfer am Ohio, in denen du bis jetzt gelebt hast, sind Außenposten und rechnen nicht. Du mußt dir ein ungeheueres Langhaus vorstellen, unter dessen Dach die fünf Stämme nebeneinander in Kammern wohnen, von Sonnenuntergang nach Sonnenaufgang die Seneca, Cayuga, Onondaga, Oneida und Mohawk."

Der Onkel ließ Mary die heiligen Stammesnamen zweimal wiederholen, um sie ihr einzuprägen. Dann fuhr er fort: „An der Osttür unseres Stammeshauses sitzen die Mohawk, an der Westtür wohnen wir, die Seneca. Und gerade vor unserer Nase, am Niagara, steht das Fort der Rotröcke. Wir möchten es beseitigen. Wer hat schon gerne einen Wolf vor seiner Haustüre sitzen?"

Mary mußte lachen. „Sehe ich denn aus wie ein Wolf? Ich stamme doch auch aus einer englischen Familie!"

Der Onkel wurde ganz feierlich. „Du hast das Herz der Geborenen des Bodens!" Mary hatte diesen Ausdruck noch nie gehört. „Du gehörst zu uns!"

Voller Verwirrung und widerstreitender Gedanken erhob sich das Mädchen. Welch sonderbare Reden der Onkel führte, sie war doch keine Indianerin! –

Da war auch Bruder Kleinfalkes Familie. Er hatte eine winzigkleine, demütige Frau mit Namen „Maiskrümel" und drei Kinder, von denen eines noch auf seinem Wiegenbrett hin und her schaukelte. Dann waren da zwei Tanten, Schwägerinnen der Mutter, „Blaudohle" und „Purpurstarenfrau", schließlich noch zwei erwachsene Söhne des Onkels mit ihren Familien, die man allgemein wegen ihrer Namen beneidete: sie hießen „Morgenrotpfeil" und „Siebenter Sonnenstrahl".

Mary fand sich nicht gleich in dem Gewimmel zurecht. So begriff sie nur langsam, warum Schwälbchen und Wirbelwind bei der Mutter wohnten. Die beiden Nichtchen stammten aus Kleinfalkes erster Ehe. Als er nach dem Tode seiner Frau zum zweiten Male heiratete und mit Maiskrümel zusammen neue Kinder bekam, da hatte die Mutter die beiden Mädchen zu sich genommen. Nach und nach bekam das Haus ein vertrautes Gesicht für Mary. Die Mutter schlug nach acht Tagen vor, Mary sollte mit Amsel zusammen die Kammer zwischen ihr und Kleinfalke beziehen, und die beiden Schwestern sollten einen gemeinsamen Haushalt führen. Beide stimmten begeistert zu, denn mit einer eigenen Kammer, mit eigenen Geräten und mit eigenen Vorräten rechneten sie zu den Erwachsenen.

Nun konnten sie so viel Besuch einladen, wie sie mochten, was in der Kammer der Mutter nicht möglich war. Sie konnten abends mit Frühlingswind stickend und nähend am Feuer sitzen, so lange sie Lust hatten, sie konnten Hirschhaarbälle stopfen für die Frühjahrsspiele – ja, was konnte man nicht alles, sobald man zu den großen Leuten gehörte!

Der Haushalt vervollständigte sich im Nu. Das wichtigste Gerät, einen hölzernen Maismörser zum Maisstampfen, gab die Mutter.

Der Bruder brachte einen prachtvollen Messingkessel. „Der ist bei Neumond vom linken Mondhorn gefallen", meinte er mit ernstem Gesicht; er mußte eben zu allem seine Späße machen.
Nur seine Frau schien von dem Geschenk weniger erbaut. Sie machte ihrem Mann Vorwürfe, den neuen Kessel hätte sie selbst gut gebrauchen können. Doch Kleinfalke brummte nur: „Eine so kleine Maus kann ich hier oben nicht pfeifen hören", worauf der Krümel schrie: „Ich ziehe wieder zu meiner Mutter!"
Die beiden Schwestern merkten nichts von diesem Ehezwist, sie waren viel zu aufgeregt. Nun erschien auch noch der Onkel und überreichte holzgeschnitzte Löffel und Teller; kleine Vögelchen saßen oben an den Stielen, und in den Tellerböden fand sich ein Falke eingeritzt. Der gute Onkel wollte wissen, was denn eigentlich zu dem eigenen Haushalt noch fehle, aber es war alles beisammen. Decken besaßen die Schwestern selbst genug.
Nur mit den Kleidern haperte es. Mary mußte ihr altes Hirschlederzeug tragen, das von der Reise her fast in Fetzen zerfiel. Sie schämte sich, damit auf die Straße zu gehen. Aber da gab es nach einigem Getuschel zwischen Mutter und Schwester eine große Überraschung.
Als Mary eines Morgens erwachte, lag etwas Blaues auf ihrer Decke. Sie griff überrascht danach: es waren Rock, Leggins, Jacke und Mokassins. Nur die Schuhe bestanden aus Hirschleder, Rock, Hose und Jacke aber aus blauem Tuch. Die Ränder trugen bunte Säume, breit bestickt mit Blüten und Zweigen aus Stachelschweinborsten, und die Mokassins zeigten vorne auf der Spitze eine Sonne.
Mary dachte nach. Irgendwie kamen ihr die Sachen bekannt vor. Auf einmal kehrte ihr Gedächtnis zurück: diese Kleider hatte sie

ja auf ihrem ersten Gang durchs Dorf getragen, offenbar weil die Schneiderinnen unauffällig feststellen wollten, was noch nicht richtig saß und was abgeändert werden mußte. Jetzt zwickten die Ärmel nicht mehr, und der Rock paßte wie angegossen.
Nur mit Mühe fand sie die richtigen Dankesworte. „Meine richtige Mutter und meine richtige Schwester könnten mich nicht lieber haben", dachte sie, und verglich in der Erinnerung Betsy und Amsel. Nein, Betsy hätte ihr keine Kleider genäht.

Am gleichen Tage kehrten die Krieger zurück, durch Schüsse bereits aus der Ferne angekündigt. Das ganze Dorf lief zusammen. Die Kinder rannten den Männern entgegen. Aufgeregt stürzten die kleinen Nichten in Marys Kammer: „Tante, Tante, sie bringen Hirsche ohne Zacken am Geweih!" Diese große Neuigkeit mußte sich im Nu verbreitet haben.
Mary lachte, warf ihre Näherei hin und lief mit den beiden Kleinen hinaus: diese sonderbaren Tiere wollte sie auch sehen! Da kamen die Krieger schon in einem wilden Durcheinander die Dorfstraße herunter, rufend und schreiend, sie hätten bei Fort Schlosser eine englische Kolonne in den Hinterhalt gelockt und aufgerieben.
Zwei Gefangene wurden vorbeigeführt, an Stöcken baumelten blecherne Soldatenhauben, und auf den Flinten steckten rote englische Militärröcke. Einzelne Männer hatten erbeutete Säbel umgeschnallt – gerade vor Mary stolperte einer über das lange, ungewohnte Ding und schlug der Länge nach in den Dreck –, andere kamen mit Gamaschen daher und mit Federhüten, Mary wußte nicht, ob sie lachen oder weinen sollte.
Und jetzt erschienen die Hirsche ohne Zacken am Geweih. Die

beiden Nichten zupften aufgeregt an der Jacke ihrer Tante. Freilich, dergleichen kannte man nicht in den Geneseeniederungen: es waren Ochsen, die wohl die englischen Gepäckkarren gezogen hatten und nun bedächtig als Beute dahertrotteten, ein halbes Dutzend fast.

Selbst der Onkel verlor ganz seine gewohnte Würde und öffnete staunend seinen Mund. Schwälbchen und Wirbelwind wollten hochgehoben werden und überschlugen sich schier vor Fragen, bis der Onkel Stillschweigen gebot und nun voller Neugier fragte: „Sage mir, meine Nichte, was sind dies für Tiere? Wie heißen sie bei den Weißen, und wozu gebraucht man ihre Kräfte?"

Ja, ein irokesisches Wort für „Ochse" gab es nicht, und so ließ es Mary bei der schnellen Notlösung der „Hirsche ohne Zacken am Geweih". „Die weißen Leute benutzen diese Tiere, um mit ihrer Hilfe ein eisernes Pflugmesser durch die Erde zu ziehen und auf diese Weise das Land aufzulockern. Mein Vater am Marsh Creek hat immer mit diesen ‚Hirschen' gepflügt, ehe er Pferde hatte. Der Boden wird dann viel tiefer umgearbeitet als mit Hacken."

Verwundert bemerkte sie, wie dem Onkel eine zornige Röte ins Gesicht stieg. „Wie kann man nur, meine Nichte, die Brust unserer Mutter Erde mit Messern aufreißen? Man darf sie doch nur sanft mit einer Hacke berühren, wie es unsere Frauen bei ihrer Feldarbeit machen. Die eisernen Messer tun der Erde weh! Aber die Weißen schneiden ja auch die Gräser mit eisernen Messern und töten die Bäume mit eisernen Äxten. Oh, diese Undankbaren, einmal wird sie die Strafe ereilen!"

Ohne Antwort abzuwarten, verschwand der Onkel in der Tür

des Hirschhauses. So empört hatte ihn Mary noch nicht gesehen. Sie ließ die beiden Kleinen dem Tumult nachlaufen, der sich allmählich zwischen den Häusern auflöste, und kehrte betroffen in ihre Stube zurück. Sie war allein, Amsel und Frühlingswind würden sicher noch lange draußen umherwirbeln.
Mary hing ihren Gedanken nach. Sie hatte schon oft überlegt, was wohl die Indianer hindern mochte, den Pflug der weißen Siedler zu übernehmen. Sie übernahmen doch so vieles: Beile, Äxte, Kessel, Stahl und Stein, leider auch den Schnaps; warum nicht auch den mit Ochsen oder Pferden bespannten Pflug?
Die Worte des Onkels klärten plötzlich diese Frage. Ihre indianischen Verwandten hielten die Erde für ein lebendes Wesen, den Boden für ihre Brust, Gräser und Bäume für ihre Haare und den Wind für ihren Atem. Wer durfte die Brust seiner Mutter mit einem Messer aufreißen? Hatten sie nicht recht, von ihrem Standpunkt aus?
Die Liedchen fielen ihr ein, die sie so oft mitgesungen hatte, ohne sich dabei viel zu denken:

„Mais, aus Awenhais Hütte gefallen,
Mais, aus Wirbelwinds Brust gewachsen!"

Was bedeutet das? Wer war Awenhai? Auf einmal fiel ihr auf, daß ja auch eine ihrer kleinen Nichten „Wirbelwind" hieß. Die andere wurde zwar „Schwälbchen" gerufen, der richtige Name war aber viel länger und lautete „Das aus dem Nest gefallene Schwalbenjunge". Dieser Name paßte auch recht gut, denn die Kleinen waren ja nach Kleinfalkes zweiter Heirat wirklich aus dem Nest gefallen. Doch wie paßte Wirbelwinds Name dazu? Ein

Wirbelwind fiel doch nicht aus dem Nest? Und doch mußte hier etwas Ähnliches mitspielen, denn die Namen hatten alle ihren Sinn und erzählten von dem Schicksal des Benannten.
Die Krieger hatten nicht nur die Ochsen mitgebracht; viel wichtiger und wertvoller blieben die beiden Gefangenen. Als die Mädchen am folgenden Tage in der Stube der Mutter saßen, mit dem Flicken von Mokassins und Kleidern beschäftigt, immer noch angeregt von den Erlebnissen des Vortages, rückte Amsel mit einer Neuigkeit heraus, die sie gestern aufgeschnappt haben mußte.
„Denkt euch nur, bald sollen die Gefangenen bei einem großen Siegesfest an der Sommereiche gemartert werden. Auch die Häuptlinge aus den Nachbardörfern werden kommen. Das müssen wir uns ansehen! Frühlingswind geht mit und du", sie wandte sich an Mary, „gehst doch auch mit. So etwas gab es doch am Ohio nie!"
Mary erblaßte und starrte die Schwester an. Durfte sie Amsel und der Freundin die Begleitung abschlagen? Aber wie sollte sie solch eine Szene ertragen? Hilflos irrten ihre Blicke umher.
Ehe sie Worte fand, geschah etwas Unerwartetes. Die Mutter ließ ihre Hände in den Schoß sinken und richtete ihre Augen mit einem durchdringenden Blitz auf Amsel. Ihre Haltung drückte schweigende Mißbilligung aus. Dann begann sie mit einer ungewohnt tiefen Stimme, in der eine deutliche Erregung mitschwang.
„Wie, meine Tochter, wie kannst du nur auf den Gedanken verfallen, zu diesem erbärmlichen, traurigen Schauspiel zu laufen? Und wie kommst du auf den Gedanken, deine Schwester zu dieser traurigen Stätte zu führen; sie, die vor nicht allzu langer

Zeit selbst eine Gefangene war, die ihre Eltern und Geschwister durch die blutbefleckte Hand der Krieger verloren hat und die alle Schrecken der Unfreiheit erfahren mußte? Wie kannst du nur daran denken, ihre halb geheilten Wunden wieder aufzureißen?

Denke doch nur ein einziges Mal daran, meine Tochter, wie bald dein eigener Bruder in Gefangenschaft geraten könnte und dann dem feindlichen Ehrgeiz zum Opfer fiele. Wir gehen unseren häuslichen Arbeiten nach, und mit Krieg haben wir nichts zu tun. Bleibe, meine Tochter! Im übrigen bist du alt genug, zu wissen, daß auch die Hausmütter über die Gefangenen zu entscheiden haben."

Mary lauschte mit angehaltenem Atem. Am liebsten wäre sie der Mutter zu Füßen gefallen: da waren die Worte, die sie sagen wollte und nicht fand. Und sie kamen aus dem Mund dieser Frau, die sie vor zwölf Tagen noch gar nicht kannte. Die Mutter hatte in ihr Herz geblickt und sie verstanden, wie nur eine Mutter ihre Tochter verstand.

Jetzt begriff sie auch, weshalb die Mutter gestern nicht vor die Türe getreten war beim Einzug der Krieger. Sie wollte mit dem Krieg der Männer nichts zu tun haben. Es gab also auch hier Frauen, die so empfanden wie Mary empfand: nicht indianisch, sondern ganz einfach menschlich.

Aufgewühlt bis in die letzte Faser vernahm Mary kaum, was Amsel antwortete. Jedenfalls gab die Schwester bescheiden der Mutter recht. Dann fühlte sie sich von Amsel fortgezogen zu den Maismörsern vor dem Hause, um Maisgries zu stoßen. In den hohlen Baumklötzen rumpelten die Stößel auf und ab, ein taktmäßiges, dumpfes Rumsen, das eigentlich den ganzen Tag

über dem Dorf vibrierte. Irgendwo stieß immer eine Frau Maiskörner.
Auf einmal ließ Mary den Stempel sinken und eilte ins Haus zurück. Sie fand die Mutter noch auf der Schlafbank sitzen, wie sie es tagsüber gerne tat. Mary lehnte sich an sie und strich sanft über ihr Gesicht, die gewohnte indianische Liebkosung. Die Mutter lächelte: „Du bist meine Tochter und hast immer hier deine Kammer."
Das hatte Mary schon einmal vernommen. Als sie von Fort Pitt zurückkam und mit der kranken Schwester so viel zu tun hatte, damals hatte sie der Geier auch seine Tochter genannt.
Fröhlich lief sie wieder hinaus in den herben Tag, der schon nach Frost schmeckte. Das Rumpeln der Mörser klang noch einmal so schön. Beim Aussieben der Maisschalen hörte Mary wieder die letzten Worte der mütterlichen Rede im Ohr. Sie fragte Amsel: „Wieso sollen die Hausmütter über die Gefangenen entscheiden? Was hat unsere Mutter damit gemeint?"
Amsel zögerte gegen ihre Art und meinte dann bedächtig: „Genau weiß ich das auch nicht. Aber jedes Haus hat doch seine Mutter, die Hirsche, Falken, Reiher und wie sie alle heißen. In jedem Langhaus bestimmt eine ältere Frau, oder besser, diese Hausmütter haben sehr viel mitzureden, sogar bei der Wahl eines Häuptlings und selbst bei der Wahl eines Oberhäuptlings. Auch hier unser Oberhäuptling, der Kleine Bart, kann gegen den Willen der Mütter nichts tun.
Du kennst ihn noch nicht, im Sommer sitzt er immer auf dem Bänkchen vor dem Hirschhaus, aber nun ist es ihm zu kalt draußen. Er ist ein kleiner geldgieriger Filz, der auf die runden Geldstücke der Weißen versessen ist. Paß auf, wenn die Frauen sagen,

er solle die Gefangenen auslösen gegen Geld, dann werden sie ausgetauscht!"

Amsel mußte richtig vermutet haben. Vom Martern der Weißen war keine Rede mehr. Dafür marschierte Kleinfalke eines Tages mit ihnen nach Fort Erie, lieferte sie dort ab und brachte ein Beutelchen Silberstücke wieder mit zurück.

Mary betrachtete seitdem die Mutter mit einem Gemisch aus Liebe und Ehrfurcht. Das Gefühl, in einer unbegreiflich fremden Welt zu leben, verflog. Jetzt fehlte nur noch Hirschhorn!

VIII

Am Tage des ersten Frostes, ziemlich lange noch vor dem Neujahrsfest, holte Mary Holz vom Waldrand. Es war ein weiter Weg. Müde kam sie heim mit ihrer Last auf dem Rücken. In der Türe des Falkenhauses begegnete ihr der Onkel. Er benutzte sonst jede Gelegenheit, um mit ihr einige Worte zu wechseln, aber dieses Mal sah er an ihr vorbei.

„Gehe nur hinein, meine Schwestertochter", murmelte er, „deine Mutter hat dir etwas zu sagen." Mary stutzte, aber der Onkel ging eilig vorbei, als wollte er Fragen vermeiden.

Sie traf die Mutter beim Entkörnen von Maiskolben allein in ihrer Stube. Schwälbchen und Wirbelwind tollten draußen umher. Sie grüßte und setzte sich sofort, wie es sich gehörte. Mary fühlte beunruhigt, wie der sonst so durchdringende Blick der Mutter sie mit unverhohlenem Mitleid musterte.

„Meine Tochter, auch die Weißen verehren Owaniyo, die große Stimme, als den Geber des Guten. Auch sie wissen, daß wir aus seiner Hand nehmen müssen, was er gibt, denn er ist der Geber. Er hat dich hierher gebracht und mir geschenkt als einen Trost und eine Stütze meines Alters."

Das Mädchen lauschte. Was mochte die Mutter auf dem Herzen haben? So feierlich redete man doch nur bei besonderen Gelegenheiten. „Aber mitunter verhüllt Owaniyo sein Antlitz und wendet sich von uns ab. Dann verbirgt er sein lächelndes Gesicht hinter Wolken.

Am Tage vor deiner Ankunft stand ein Nordlicht am Himmel. Solch ein Nordlicht ist der Widerschein eines Feuers, das die

Toten anzünden, um einen gerade Verstorbenen in ihrem Lande zu begrüßen. Ich wußte nicht, wer neben diesem Feuer stand, heute weiß ich es.
Es war dein Freund Hirschhorn vom Fischbach, der im nächsten Frühling hierher kommen wollte, wie du mir erzählt hast. Er hat den Fischbach nicht mehr erreicht. Unterwegs wurde er von Leuten in der großen Palisade am Ohio angeschossen, und an dieser Wunde ist er gestorben."
Die Mutter sprach noch weiter, aber Marys Ohren versagten. Sie stotterte: „Wer hat denn das gesagt?"
„Ein Bote, der heute vom Ohio ankam. Er ist sicher der letzte, der von dort vor Einbruch des Winters kommt. Bald sperren ja Schnee und Eis Wege und Stege."
Das Mädchen sank in sich zusammen. Ihr war, als sei sie in eine dunkle Höhle geraten und das Licht des Einganges hinter ihr erloschen. Wie hatte sie sich auf Hirschhorns Kommen gefreut: er fehlte noch, um das Leben hier vollkommen zu machen.
Sie flüchtete sich in die Arme der Mutter und weinte sich aus. Die Familie umgab die Geschlagene mit unaufdringlicher Liebe und Wärme. Amsel und Frühlingswind suchten alles mögliche hervor, um Mary abzulenken. Sie brachten neue Freundinnen an aus den anderen Häusern; sie nähten zusammen Bälle aus drei oder vier verschiedenfarbigen Stoffen, die sollten im nächsten Frühling fliegen wie der Wind bei ihren Spielen auf den Blaugraswiesen; sie erzählten vom Neujahrsfest, das nun mit dem „Monat des sehr kalten Wetters" vor der Tür stand. „Dann laufen die Masken durch alle Häuser und jagen Unheil und Krankheit hinaus. Sie werden auch dir Glück bringen, verlaß dich darauf", meinte Amsel.

Mary nickte trübe, sie hatte nur halb zugehört. Halb abwesend ließ sie die Festtage an sich vorüberziehen, die hier im Dorf des Kleinen Bart ausgiebig gefeiert wurden, anders als am Fischbach, wo von den Festen des Irokesenjahres kaum eine Andeutung übrig geblieben war.
Die alten Feuer auf dem Korridor wurden gelöscht. Mit dem neuen Jahre sollte eben alles neu werden, und deshalb erbohrte man mit zwei Hölzern eine neue Flamme. Der Onkel und Kleinfalke mühten sich lange, bis die hervorsprühenden Fünkchen den Moosschwamm in Brand setzten und gelbe Feuerzungen durch das frisch aufgelegte Reisig leckten. Wärme und Licht leuchteten wieder in das kalt gewordene Haus.
Da fuhren auf einmal vier oder fünf vermummte Gestalten durch die Tür herein, mit hölzernen Masken vor dem Gesicht und langen Strohzöpfen. Es brachte Glück, den Falschgesichtern ein Stück ihrer Zöpfe abzuschneiden, und so bemühte sich jeder in dem wilden Durcheinander, wenigstens eine Handvoll Maisstroh den Glücksbringern abzureißen!
Die Masken fuhren mit ihren Besen in die dunkelsten Ecken, um jedes Spürchen von Krankheit hinauszukehren; sie streuten Asche auf die Hausbewohner und wünschten unzählige Male Glück und Segen dazu; dann griffen sie nach den bereitgestellten Schüsseln mit Bärenpudding und huschten zur anderen Türe hinaus!
Die Mutter kam sofort hinter den Falschgesichtern her in Marys Kammer und bestreute sie noch einmal mit einer Handvoll Asche: „Ja, Glück und Segen, meine Tochter; jetzt wird auch für dich ein neues Jahr anfangen!" Ihre Stimme zitterte etwas.
„Aber was hast du denn da?" Mary zeigte, was sie in der Hand hielt: einen ganzen strohgeflochtenen Zopf! Sie wußte nicht, daß

auch Frühlingswind unter den Masken als Falschgesicht mit durch die Häuser tollte und ihr mit Absicht eines von den geflochtenen Maisseilen hatte in den Schoß fallen lassen.

Davon wußten natürlich auch die anderen nichts, und so jubelten alle: „Glück wirst du haben, du wirst Glück haben im neuen Jahr!"

Mary wehrte ab, doch die allgemeine Freude steckte sie an. Ein zaghaftes Flämmchen begann sie zu erwärmen. Das neue Jahr, das neue Licht, das neue Feuer, vielleicht lebte sie auch in ein neues Leben hinein.

Doch als das Land aus dem schmelzenden Schnee wieder auftauchte und die Dorfstraße wieder trocken wurde, da lief das Leben in seinem alten Geleise weiter. Es sah aus, als sollte sich gar nichts ändern. Die jungen Männer saßen an warmen Abenden wieder unter den Weiden des Genesees und entlockten ihren Rohrflöten melancholische Töne. Und die Mädchen mußten ausgerechnet dann Wasser holen, und wie in jedem Frühling, wenn die Rohrflöten klangen, dauerte das Wasserholen sehr lange.

Als Frühlingswind eines Abends wieder einmal viel später als verabredet in der Kammer der Schwestern erschien, irgendeine Entschuldigung murmelnd, da meinte Amsel spitzbübisch: „Du mußtest noch Wasser holen, nicht wahr?"

Frühlingswind bejahte, ohne sich lange zu besinnen. Die Schwestern lachten hell auf, die Freundin machte ein verdutztes Gesicht, lachte aber schließlich auch mit. Die Fröhlichkeit lief durch das Haus und lockte den Onkel herbei.

„Darf ich mich zu eurem Feuer setzen?" fragte er, und die Mädchen rückten höflich zusammen. „Ich höre mit Freuden, meine Nichte, daß dein Herz wieder heiter geworden ist. Seit langer

Zeit habe ich zum ersten Male dein Lachen wieder vernommen, und das freut mich."
Der Onkel machte eine Pause, als überdächte er seine Worte. „Wisse", fuhr er dann fort, „daß ich den Winter hindurch überlegt habe, wie dein Unglück fortzuschaffen ist. Und nun will ich dir die Gedanken meines Herzens sagen."
Die drei Zuhörerinnen beugten sich vor, damit ihnen kein Wort entging. Der Onkel hatte die Gewohnheit, sehr leise zu sprechen. „Du wohnst nun schon seit so vielen Monden im Langen Haus, daß du die Sitten unseres Volkes kennst. Jetzt im Frühling bemalen die Krieger ihre Trommeln und die Häuptlinge beraten, wohin sie ihre Kriegszüge richten sollen. Wenn auch die Langen Häuser am Ohio Frieden mit den Rotröcken geschlossen haben, so ist doch hier das Kriegsbeil nicht begraben. So wollte ich im Rate der Häuptlinge dafür eintreten, eine Streifpartie gegen die Weißen bei Fort Pitt und dahinter zu schicken, um für Hirschhorn blutige Rache zu nehmen. Mit zwei bis drei Skalpen können wir dein Herz erfreuen und die Dornen aus deiner Wunde ziehen."
Mary traute ihren Ohren nicht. Ihr schwindelte es: So fing die Geschichte immer an, und am Ende wehte dann die Rauchfahne eines brennenden Blockhauses, gellten die Schreie einer überfallenen Familie, löschten Messer und Beil das Leben ahnungsloser Menschen aus.
Sie wehrte entsetzt ab: „Niemals, mein Onkel, niemals. Damit erfreust du mein Herz nicht. Ich bitte dich, bei den Häuptlingen gegen eine Streifpartie zu sprechen. Diese Rachezüge treffen nur Unschuldige. Woher weißt du, daß unsere Krieger jene Leute treffen, die auf Hirschhorn schossen?"
Auf dem Gesicht des Onkels malte sich völlige Verständnislosig-

keit. „Deine Gedanken, meine Nichte, taugen nicht für meine Ohren. Es sind doch Weiße, gegen die unsere Krieger aufbrechen sollen! Weiße haben doch Hirschhorn, der deinem Herzen nahestand, getötet. Wo soll da ein Unterschied sein? Ich erblicke keinen Unterschied."

Mary wußte, daß ihre indianischen Verwandten nicht in Einzelpersonen dachten. Die Weißen galten ihnen als eine Familie, und sie hielten sich an den ersten besten, wenn sie eine Rechnung begleichen wollten. Und aus dem ganzen Hirschhause verstand allein die Mutter, welche unendliche Kette von Mord, Vergeltung und neuem Mord sich da aneinanderfügte, Glied für Glied! Die Mutter allein würde jede Gelegenheit benutzen, diese Kette zu zersprengen. Aber wie konnte sie dem Onkel klarmachen, in welchem Kreis er sich drehte?

Die Mutter schlief längst; sie suchte mit Schwälbchen und Wirbelwind ihr Nachtlager auf, um diese Zeit durfte sie nicht mehr gestört werden. Mary überlegte, dann stellte sie sich auf die Schwelle ihrer Kammer, reckte sich und holte vom Boden ein Schüssel-und-Kern-Spiel herunter, ein Geschenk des Onkels. Es bestand aus einem flachen, hölzernen Teller und 30 Pflaumenkernen, die auf der einen Seite rot, auf der anderen weiß bemalt waren. Irgendeine Farbe wurde nach oben gedreht, und dann der Teller heftig auf den Boden gestoßen, daß alle Spielsteine durcheinanderpurzelten. So viele Steine mit der Gegenfarbe nach oben lagen, so viele Punkte hatte man gewonnen.

Das Spiel ließ sich nach manchen Regeln spielen, und es wurde gerne gespielt. Überall hörte man im Winter das leise „hits, hits", mit dem der Teller angehoben wurde, und das anschließende, dumpfe Rumsen auf dem Lehmboden.

„So, mein Onkel, nun passe gut auf. Ich wende jetzt alle Kerne mit der roten Farbe nach oben. Du fängst an und darfst alle Steine fortnehmen, die weiß zeigen. Es sind deine Skalpe."

Der Onkel schmunzelte, „Schüssel-und-Kern" war seine Lieblingsunterhaltung. Er stieß den Teller auf den Boden und durfte fünf Kerne weglegen. Fünf Skalpe hatte er gewonnen.

„So, nun bin ich dran", fuhr Mary fort. „Ich drehe jetzt die weißen Seiten nach oben und nehme mir alle Kerne, die rot zeigen. Das sind dann meine Skalpe." Es rumste, und Mary nahm sechs Skalpe fort.

Jetzt kam wieder der Onkel an die Reihe. Vier Steine verschwanden. Dann gingen drei auf Marys Seite. Der Teller begann sich zu leeren. Hin und her wechselte das Skalpspiel, drei weiße, zwei rote, dann noch einmal drei weiße, dann ein roter, dann wieder ein weißer und die letzten beiden Steine drehten sich auf die rote Seite. Mary fegte sie vom Teller, die Schüssel war leer.

Amsel und Frühlingswind hatten aufmerksam das Spiel verfolgt. „Wer hat denn nun gewonnen?"

„Niemand hat gewonnen", trumpfte Mary auf. Gefleckte Feder blickte verdutzt auf den leeren Teller. Mary erklärte weiter. „Siehst du, mein Onkel, diese Schüssel ist die Erde, und auf der Erde wohnen rote und weiße Menschen. Zuerst haben die Weißen die Roten umgebracht, dann die Roten die Weißen, dann die Weißen die Roten, dann die Roten wieder die Weißen und so fort, bis die Erde leer war und niemand mehr auf ihr wohnte. Sie war so leer wie dieser Teller.

Verstehst du nun, weshalb ich keinen Kriegszug will? Denn für diesen Kriegszug nehmen die Weißen Rache, und für diese Rache nehmen wir wieder Rache, bis die Erde leer ist!"

Der Onkel nahm die Schüssel und wog sie in der Hand. Eine nachdenkliche Betroffenheit spiegelte sich auf seinem Gesicht. Man sah, wie ein neuer Gedanke in dem Wust der alten Gewohnheiten und Vorstellungen zu arbeiten begann.

Auf einmal kroch eine graue Blässe über seine braune Haut. „Es mag sein, meine Nichte, daß wir nach deiner Art am Leben bleiben. Aber dann müssen wir die Art der Fremden annehmen. Dazu bin ich zu alt." Er erhob sich und verschwand mit seinem unhörbaren Schritt. Die Pfeife vergaß er mitzunehmen. Sie war auch schon längst ausgegangen.

Als die beiden Schwestern unter ihren Decken lagen, meinte Amsel: „Unser Onkel wird darüber nachdenken; ich habe es seinem Gesicht angemerkt, daß er dich verstanden hat. Aber er kommt gegen die anderen Männer im Dorf nicht an, vor allem nicht gegen den Oberhäuptling. Warte nur, bis du selbst den Kleinen Bart kennen lernst!" –

Unmittelbar danach begannen die Frauen mit ihrer Feldarbeit, und niemand konnte sich um die Pläne der Krieger kümmern. Eines Tages lösten sich diese Pläne von selbst auf in dem zarten Dunst, den der Frühling aus der Flußebene hervorlockte. Mary war länger draußen geblieben und machte sich erst auf den Heimweg, als die Windwolken gegen die sinkende Sonne hin goldene Ränder bekamen.

Der Feldpfad schlängelte sich nach Westen durch die Äcker. Dort drüben dunkelten zwischen den weißen Kuppeln der blühenden Pflaumenbäume die langen, braunen Dächer des Dorfes, fast schwarz gegen den roten Sonnenuntergang abstechend.

Mary blickte über die Flur. Die Äcker sahen hier, in dem urlange gerodeten Marschboden, anders aus als am Ohio, anders

auch als am Marsh Creek: dunkle, weitgedehnte Breiten, ohne die abenteuerlichen Zacken halb verfaulter Baumstümpfe, ohne die Wälle beiseite gerollter Stämme, ohne die haushohen Astgewirre auf den Rainen. Seit undenklichen Jahren ging hier die Menschenhand glättend und sänftigend über das Land.
Irgendwer kam ihr auf dem Pfade entgegen. Mary achtete nicht darauf, denn gerade um diese Zeit ging oft noch jemand hinaus in die Felder, um den Boden zu prüfen und ein Stück Erde zu zerkrümeln, ob sie die richtige Feuchtigkeit habe für die Saat.
Doch jetzt wurde Mary unruhig, da kam keine Frau, da kam ein Mann. Es war aber nicht der Onkel, der ging ein wenig vornübergebeugt und ließ den Kopf hängen; es war auch nicht Kleinfalke, der Bruder besaß eine unverkennbare Kastenfigur ... nein, diese hohe, schlanke Gestalt, diesen federnden Gang hatte nur einer, der eine, der nicht mehr kommen würde, nie mehr!
Sie schirmte die Augen mit der Hand, um besser sehen zu können. Die untergehende Sonne tauchte alles in schwarze Schatten. Doch nun setzte Marys Herzschlag aus: das war doch ... Jetzt war kein Irrtum mehr möglich, das mußte Hirschhorn sein und kein anderer!
Mary schrie auf. Sie zitterte. Dann schleuderte sie ihre Hacke fort und stürzte dem Totgesagten entgegen. Mit wankenden Knien stand sie vor ihm und faßte nach seinen Händen. „Hirschhorn! Bist du es wirklich? Wir glaubten, die Leute in Fort Pitt hätten dich totgeschossen!“
Das Gesicht des jungen Mannes strahlte vor Freude, der zurückhaltende Ernst des Indianers war verflogen. „Nein, ich bin ja damals nur verwundet worden. Es war ein Versehen, der Schütze wollte mich gar nicht treffen. Und der Bote, der euch im Herbst

benachrichtigte, hat mich zu früh in das Land des Westens geschickt."

Hirschhorn lachte, wurde verlegen und lachte wieder. Es war ihnen beiden, als hätten sie Flügel. Sie suchten Worte und fanden keine, wenigstens keine passenden. Hirschhorn fiel nichts Wichtigeres ein, als daß er gestern ein Kaninchen erlegt habe. Dann fragte Mary nach dem Fischbach.

Da gab es viel zu erzählen. Die alten Freunde lebten noch und hatten den Winter gut überstanden. Tante und Onkel hätten ihn Monate hindurch gepflegt, bis die Schußwunde heilte und er wieder gehen konnte. „Aber nun bleibe ich hier. Die Leute im Hirschhause und sogar der Kleine Bart, der im Hirschhause wohnt, haben mich freundlich aufgenommen. Wer flickt nun meine Mokassins?"

„Das tue ich", sagte Mary und schob ihre Hand in die seine, um den plötzlich Zurückgegebenen recht fest zu halten. So kamen sie im Dorf an. Mary brachte Hirschhorn noch zu der Tür mit dem Hirschbild.

Die beiden jungen Menschen waren mit sich selbst beschäftigt; und so achteten sie nicht auf die zusammengesunkene Gestalt, die neben der Tür des Hirschhauses hockte, fast zugedeckt von einer schmutzigen Decke. Es war der Kleine Bart, der hier den ersten warmen Abend genoß und seine Pfeife rauchte.

Sie sahen auch nicht, wie ihnen der Alte durch die Haarzotteln, die von seiner Stirn herabhingen, einen Blick plötzlich aufflammenden Mißtrauens zuwarf. Es geschah ja auch nicht alle Tage, daß ein Toter aus dem Land des Westens zurückkehrte.

IX

Als Mary durch die Falkentüre schlüpfte, fand sie das Haus in einem fröhlichen Aufruhr. „Ihr wißt es schon", jauchzte sie, „Hirschhorn ist wieder da!"
„Das wissen wir", rief Amsel, „aber es ist noch jemand gekommen, gehe nur in die Kammer unserer Mutter."
Neugierig rannte Mary den Gang hinunter und blieb wie angewurzelt stehen: dieses langgliederige Mädchen mit dem auffälligen hellbraunen Haar, das war ja Märzbirke!
Sie flog auf die alte Freundin vom Elchaugenbach zu. Ja, sie war es wirklich! Sie und ihre Mutter hatten sich Hirschhorn angeschlossen, um so sicher vom Ohio an den Genesee zu kommen und dort künftig zu wohnen. Sie fühlten sich dem Falkenhause zugehörig. Märzbirke galt als halbe Tochter und Schwester, auch wenn sie den Bruder nicht geheiratet hatte. Und am Fischbach war es nach Elchkuhs Tod und nach Marys und Frühlingswinds Weggang einsam geworden.
Mary spürte die Freude, die besonders die Mutter über diesen Zuwachs der Familie empfand. Es freuten sich alle bis auf Maiskrümel, die offenbar fürchtete, wieder einen Kessel zu verlieren. Doch ihr mürrisches Gesicht beachtete niemand, jeder legte mit Hand an, die Verwandten in einer Gästekammer unterzubringen, und es dauerte lange, ehe das Falkenhaus an diesem Abend zur Ruhe kam.
Es sah aus, als wollten diese glücklichen Ereignisse die ganze Welt umstülpen. Die Männer im Dorf unterließen ihre Kriegszüge an die Grenze. Sie redeten wohl endlos davon, aber zuletzt

gaben sie es auf. Seit Hirschhorns Auftauchen fand sich auch kein richtiger Grund mehr.

Vielleicht trug auch der Einfluß des Onkels zu diesem Entschluß bei. Amsel hatte richtig gesehen: Getüpfelte Feder war ein wenig von Marys Reden aufgegangen, etwas hatte er verstanden. Aber die Schwester hatte zugleich auch Falsches geredet: gar so einflußlos war der Onkel doch nicht. Er gehörte zu den Häuptlingen im Dorf, deren es in jedem Hause mindestens einen gab.

Er sprach sogar hin und wieder mit dem Kleinen Bart, dem gefürchteten und gemiedenen Oberhäuptling, nach dem das Dorf hieß. Der Sachem trug einen Ziegenbart, aber nicht einmal der frechste Junge hätte sich erdreistet, ihn damit zu verspotten. Jedermann ging ihm aus dem Wege, und er selber sprach kaum mit jemandem, ausgenommen mit Getüpfelter Feder. In jedem Falle schliefen die kriegerischen Pläne ein.

Den Frauen war es recht: sie mußten sich um die Felder kümmern und hatten nicht mehr viel überflüssige Zeit. Zunächst erhielten Märzbirke und ihre Mutter ein Stück Acker als ihr besonderes Eigentum, wie es jede Frau außerhalb des gemeinsamen Landes besaß. Kleinfalke bemalte ein Stück Rinde mit einem Bäumchen, und das stellte Märzbirke nun stolz neben ihrem Eigentum auf.

Dann begann die gewohnte Arbeit, bei der alle zugriffen. In langen Reihen rückten sie singend und hackend durch die braune Breite vor, von den blühenden Pflaumenbäumen allmählich zum Wald hin. Die Felder lagen sämtlich, wie das Dorf selbst, auf der Ostseite des Genesee. In einem riesigen Halbkreis breitete sich die Flur aus. Feldhühner stoben auf, Wildtauben zogen mit blitzendem Gefieder ihre Kreise, die ersten Falter tanzten in der warmen Luft, die Erde selbst schien mitzutanzen. Und wenn die trockenen Maisstrünke vom Vorjahre angezündet wurden und blaue Rauchschleier über die Welt wehten, dann glaubte Mary zu spüren, was ihr die Mutter einschärfte: „Die Erde freut sich, wenn sie uns singen hört!"

Die Mutter wußte vom Acker und Mais am meisten. Sie führte noch einen zweiten sonderbaren Namen, den fast niemand gebrauchte, der aber gut zu ihr paßte, wie es Mary vorkam: „Dunkle Nachterde". Sie wußte, mit welchen Kräutern man die Saat wässern mußte, damit die Stare nicht zuviel davon fraßen; sie wußte, daß der harte Feuersteinmais nur zu Bärenpudding taugte, daß der Tuscaroramais am besten zu Hirschfleisch schmeckte, daß der Süßmais die besten Fladen ergab, und die farbigen Sorten die haltbarsten Brote.

Mary achtete darauf, immer in der Nähe der Mutter zu arbeiten, denn unter ihren Reden flog der Tag im Nu dahin. Strebten sie am Nachmittag nach Hause, müde vom Hacken, benommen vom Geruch der Erde, betäubt von der ungewohnten Sonne, dann pflegte niemand sie aufzuhalten: auch die Männer wußten, was die Frauen in dieser Zeit leisteten.

Um so verblüffter war Mary, als sie eines Tages von dem Kleinen Bart angerufen wurde. Sie kam mit Frühlingswind vom Felde, etwas später als die anderen und unter den letzten. Kurz vor dem Hirschhause flüsterte die Freundin: „O je, da sitzt ja der alte Kerl wieder, da vor der Türe auf dem Bänkchen! Leb wohl bis morgen, ich schleiche mich lieber durch den anderen Eingang!"

Damit huschte sie an der Längsseite des Hauses durch die Brennnesselbüsche zur Hintertür und verschwand, Grimassen schnei-

dend und mit der Hand einen Kinnbart andeutend. Mary lächelte: die Freundin hatte wirklich vor nichts Ehrfurcht.
Als sie am Hirschhause vorbeischritt, rief sie der Oberhäuptling an: „Komm her, meine Tochter und setze dich!" Er wies auf den Platz neben sich und schickte zugleich den Enkel fort, den er ständig bei sich hatte, damit er die Pfeife stopfte oder Tabak holte, oder was sonst an kleinen Diensten anfiel. Fröhlich schoß der Kleine davon, der langweiligen Verpflichtung ledig.
Mary setzte sich und blickte befangen auf den Oberhäuptling. Der Alte mit seiner schmutzigen Decke über der Schulter und seinem Pfeifenqualm, stieß sie ab. Das unordentliche, strähnige Haar hing ihm tief in die Stirn, aber seinen wieselflinken Äuglein entging nichts, was die Dorfstraße herauf und herunter kam. Nun fing er an zu brabbeln.
Natürlich kam zuerst die übliche Frage nach der Gesundheit von Mutter, Schwester und Bruder, danach die ebenso übliche Gegenfrage nach den Verwandten des Sachems. Aber dann ging der alte Mann ohne viel Umstände auf sein Ziel los.
„Du bist, meine Tochter, erst vor zwei Wintern zu uns gekommen. Bis dahin wohntest du bei deinen Verwandten im Osten, nach der Seite des großen Meeres hin. Wie du weißt, gibt es unter den Weißen zwei Völker, die sich seit langem bekämpfen: die Franzosen und die Engländer. Es sieht jetzt so aus, als bekämen die Engländer die Oberhand. Wir denken darüber nach. Denn die Franzosen waren freundlich zu uns und an Zahl nur wenige. Die Engländer dagegen sind viele, viel mehr als die Franzosen."
Er machte eine Pause und räusperte sich gründlich. Dann fing er wieder an. „Du weißt auch, daß wir bis jetzt die Engländer

bekämpft haben. Trotzdem dringen sie immer weiter vor. Ursprünglich saßen sie am Rande des Ostmeeres, dann rückten sie den Flüssen entlang ins Innere unserer Insel vor, dann überstiegen sie die hohen Berge, und jetzt sitzen sie am Ohio, am Allegheny und in den Niederungen des Mohawk. Bald werden sie auch hier sein. Die Spur des weißen Mannes sieht man bereits überall."

Der Kleine Bart öffnete seine Hand und ließ einige Wegerichblätter fallen. Dann fuhr er fort. „Du bist unter den englischen Weißen aufgewachsen, meine Tochter; du stammst selbst aus einer englischen Familie. Sage mir, ob wir die Weißen noch von unserer Insel verjagen können oder ob es zu spät ist?"

Die Äuglein unter den weißen Haarsträhnen musterten sie mit einem lauernden Blick, prüfend, neugierig und doch mißtrauisch. Mary erschrak. Wie oft hatte sie diese Klage von dem Wegerich vernommen, der in der Spur des Weißen Mannes wachsen sollte, als untrügliches Anzeichen seines baldigen Kommens. Doch niemals war ihr eine solche Frage gestellt worden. Sie dachte an ihre Kindheitserinnerungen, wie endlos weit der Weg von Fort Pitt nach Osten lief über Ligonier und Raystown bis nach der Riesenstadt Philadelphia, und hinter Philadelphia lagen noch weitere Dörfer, ehe die Straße ans Meer stieß.

Mary schüttelte den Kopf: „Mein Großvater, es ist unmöglich, die weißen Leute wieder zu vertreiben, es sind zu viele!"

Doch der Kleine Bart ließ nicht locker. Er fuhr sich einige Male durch den mageren Bart. „Du sagst, meine Tochter, es seien viele. Kannst du mir sagen, wie viele es sind?"

„Nein, mein Großvater, das vermag ich nicht zu sagen, denn ich kann auch nicht die Blätter der Büsche dort zählen, und auch nicht die Maiskörner, die in einer gefüllten Vorratsgrube liegen."

Das zerknitterte Gesicht des Sachems erschlaffte, der gespannte Blick verlor sich in ein zielloses Umherhuschen. Sein Mund murmelte einige unverständliche Worte. Dann hob er auf einmal seinen Kopf und schoß einen bösen Blick auf Mary.

„Hast du meine Ohren auch nicht betrogen? Ist dein Herz hier im Langen Hause der Seneca, oder ist es bei den Weißen geblieben? Gehörst du zu uns oder zu unseren Feinden?"

Mary wurde rot und fuhr auf. Der Alte verstand ja nichts von der Welt und wußte nichts von den Engländern. Was schwatzte er da von Lügen? Aber woher sollte er es auch wissen. Auf seinen Kriegspfaden war er ja nur wenigen Weißen begegnet. Von den Heimatländern dieser Weißen wußte er nichts. Und so konnte er sich auch nicht die Zahl dieser Nationen vorstellen. Was sollte Mary antworten? Schon schwebte ihr die Antwort auf den Lippen: „Ich bin jetzt eine Seneca!" Doch das Wort blieb ihr in der Kehle stecken. War sie denn wirklich eine Seneca geworden, eine Indianerin?

Der Kleine Bart merkte ihr Zögern und sagte strafend: „Wenn du eine Weiße geblieben bist, dann wirst du ausgestoßen, genauso wie Awenhai aus dem Himmel gestoßen wurde."

Verwirrt packte Mary ihr Holzbündel auf den Rücken und verabschiedete sich mit knappem Gruß.

Der Sachem aber blieb mit seinem Zweifel zurück. Ob Marys Erklärung ihm nun doch glaubhaft schien, oder ob er selbst die französische Sache verloren gab und die Herrschaft der Engländer für unabwendbar hielt, wer wußte es. Jedenfalls mehrten sich die Zeichen für ruhige Zeiten, nachdem Fort Schlosser auch

an die Engländer gefallen war und die letzten Blauröcke verschwanden.
Im Dorf zeigten sich wieder die Händler, freundlich lächelnd ihre Gewehre, Messer, Kessel und Tuche anbietend. Auch dieses Mal logierten sie wie früher im Hirschhaus beim Kleinen Bart. Der Oberhäuptling gierte nach den Goldstücken der Weißen, und deshalb machte er das Hauptgeschäft mit den Händlern. Niemand im Dorf hatte so viele Felle zu vertauschen wie der Sachem. Und deshalb beherbergte er die Händler.
Besonders ein dicker Holländer, Jan van Sike, trieb sich ständig im Dorf herum. Er stammte aus dem Osten, und dorthin brachte er auch seine Felle, in erster Linie die teuren Biberfelle. Jan van Sike kannte jede Familie und jeden Hund und auch die „Gefangene", wie er Mary nannte.
Von diesem Händler hatte Mary erfahren, daß noch viele Weiße zwischen den Irokesen lebten. Van Sike hielt mit allen Verbindung. Und daß gerade dieser Mann wieder in den Häusern aus- und einging und den Kindern gelben Zucker mitbrachte, dies durfte man für ein Zeichen kommenden Friedens halten.
Eines Tages flog denn auch die Botschaft von Langhaus zu Langhaus, Engländer und Franzosen hätten sich wirklich geeinigt. Die Franzosen würden Kanada verlassen und sich nach Südwesten, an den Mississippi zurückziehen.
Als Rotschwingenamsel die Nachricht abends am Feuer der Mutter und Mary bekanntgab, fügte sie zögernd hinzu: „Da soll noch etwas sein. Ich habe es von van Sike selbst gehört. Der englische König soll jedem eine Handvoll Goldstücke versprochen haben, der weiße Gefangene beim nächsten englischen Fort abliefert."

Amsel schaute ihre weiße Schwester traurig an.
„Na, und?" begehrte Mary auf. „Bin ich etwa hier eine Gefangene? Will ich etwa fort von euch? Wo sollte ich auch hin?"
„Du hast recht", sagte die Mutter, „bleibe nur bei uns, es wird dir hier an nichts fehlen, und wir haben dich in unser Herz geschlossen."
„Was sollst du auch bei fremden Leuten", meinte Amsel.
„Wenn meine Eltern noch lebten, dann wäre es etwas anderes, aber verkaufen lasse ich mich nicht. Der van Sike hat es nur auf das Geld abgesehen."
Mary flammte vor Zorn und wurde immer erregter. „Der, der kann mich gar nicht wegbringen gegen meinen Willen. Ihr habt mich für einen Gefallenen adoptiert – für deinen Sohn, liebe Mutter! Kann man das so ohne weiteres rückgängig machen? Ihr habt mich in eure Familie aufgenommen. Hier habe ich ein Heim gefunden. Wohin soll ich denn gehen? Ich weiß ja nicht einmal, wo meine Brüder wohnen in Virginien ..."
Amsel versuchte mit einigen tröstenden und fröhlichen Worten Marys Kummer wegzuwischen. Sie umarmte die Schwester stürmisch: „Dem Dicken schlagen wir ein Schnippchen, der kriegt dich nicht", sprudelte sie hervor.
„Ich werde dem Dicken schon aus dem Weg gehen. Das gibt einen tollen Wettlauf, will der Fettwanst mich einfangen!" Beide Mädchen lachten, daß es durch den langen Gang hallte.
Nur die Mutter machte ein nachdenkliches Gesicht. „Hinter dem Dicken steckt der Kleine Bart", flüsterte sie, „und das ist gefährlich."
Eines Mittags arbeitete Mary allein auf dem Acker bei den immergrünen Weiden, weit ab vom Dorf. Der Mais stand kniehoch

und mußte zum zweitenmal gehackt werden. Und weil hier ein kleiner Winkel Mary persönlich gehörte, so arbeitete sie mit besonderer Freude und trällerte ein Lied dabei.

Als sie sich für einen Augenblick aufrichtete und in die warme, vom Sonnenlicht überflutete Landschaft blickte, glücklich über die zartgrünen Stengel, die im Wind auf- und abwogten, da sah sie auf einmal einen blauen Fleck, der ziemlich schnell auf sie zukam.

Mary kniff die Augen zusammen: das war ja van Sike in seinem blauen Rock!

Jetzt fing der Händler auch noch an zu laufen, und sein Bauch wippte unter dem zugeknöpften Rock gewaltig; er rannte wie ein Jagdhund, der hinter einem Hirsch her ist.

Mary fuhr zusammen. Was der Kerl wollte, wußte sie. Für den Händler war sie kein Mädchen, sondern ein Beutel voll Goldstücke, wenn er sie nach Fort Niagara schleppen konnte.

Das Mädchen warf die Hacke hin und sah sich um. Der Genesee zog hier eine enge Schleife. Ohne einen Augenblick weiter zu überlegen, rannte Mary dem Fluß zu, durchbrach das Weidengebüsch und spähte am Ufer umher, ob sich nicht eine Gelegenheit zur Flucht böte. Und siehe da! Dicht neben ihr lag ein Kanu unter den Weiden versteckt, natürlich ohne Paddel. Aber das machte nichts.

Im Nu schob sie das leichte Boot ins Wasser, kniete sich vorsichtig hinein und paddelte mit den Händen. Die Strömung trug sie flußabwärts, und der Sog der Biegung brachte sie der anderen Seite entgegen.

Als der Händler aus dem Gebüsch auftauchte, trieb sie bereits mitten auf dem Wasser.

Enttäuscht starrte der Mann dem Kanu nach und wischte sich den Schweiß von der Stirn.
„Du kleines Biest, du verflixte Kanaille! Ich werde dich schon dahin bringen, wohin du gehörst. Einmal gehst du mir doch in die Falle!"
Mary verstand jedes Wort, obwohl es ein schlechtes Englisch war. Sie lachte nur laut über seine Drohungen. Diesmal hatte er sie jedenfalls nicht geschnappt.
Am anderen Ufer verstaute sie das Boot und lief zu der Quelle neben dem dicken Stein am Waldrand. Dort konnte sie sich gut verbergen.
Die Quelle am Stein, so hieß diese verlassene Stelle. Niemand wußte, wie der riesige, dicke Findling dorthin geraten war, der dem Ort den Namen gab. Er lag wohl schon seit undenklichen Zeiten dort. Neben ihm gluckste eine Quelle und hinter ihm breitete eine Schwarzeiche ihre Äste aus.
Dort wartete Mary bis die Sonne eine Handbreit über den Baumwipfeln stand. War sie erst wieder im Falkenhaus, konnte ihr van Sike nichts mehr anhaben.
Die Familie wartete schon voller Unruhe, als Mary in der Dunkelheit ins Lange Haus schlüpfte. Die Freude war allgemein, schlug aber in Entrüstung um, als die Heimgekehrte von der Verfolgung durch van Sike berichtete.
Getüpfelte Feder schwor, er wolle gleich morgen einen Beschluß der Häuptlinge herbeiführen, daß niemand die Adoptivtochter ohne ihre Einwilligung nach Fort Niagara bringen dürfe.
Alle grunzten beifällig, doch Bruder Kleinfalke zitterte vor Zorn: „Dahinter steckt nur der Kleine Bart! Der Händler allein würde nie eine solche Frechheit wagen. Ich werde von dem Sachem ver-

langen, daß er den van Sike hinauswirft und ihm das Dorf verbietet. In meiner Nähe darf er sich nicht mehr blicken lassen!"

Eine nachdenkliche Stille entstand, während Kleinfalke erregt an seiner Pfeife sog. Der Kleine Bart gehörte zu acht Sachems der Seneca, die hoch über den gewöhnlichen Häuptlingen standen. Die anderen sieben Sachems wohnten in anderen Dörfern, aber alle zusammen bildeten die Regierung des Stammes. Wichtige Angelegenheiten ordneten sie von sich aus an, ohne die Häuptlinge zu fragen. Ein Sachem konnte schwer abgesetzt werden, wenn er einmal gewählt war.

Jedenfalls blieb es ein bedenkliches Wagnis, sich gegen den Kleinen Bart zu stellen. Und der Familie schien es so gut wie sicher, daß der Oberhäuptling und der Händler unter einer Decke steckten. Selbst Kleinfalke zog nach dem Abflauen seiner ersten Wut immer bedenklicher an seiner Pfeife.

Was sollte werden, wenn der Sachem gemeinsam mit den anderen Sachems beschlossen hatte, alle Weißen auszuliefern, die noch ringsherum in den Dörfern lebten?

Fast alle Gefangenen wollten ja wieder nach Hause; sie sehnten sich nach ihren Eltern, nach ihren Frauen und Kindern. Vollwaisen wie Mary waren selten. Wo gab es den Fall, daß eine Weiße bei den Irokesen eine neue Heimat, eine neue Mutter und neue Schwestern gefunden hatte? Wo gab es schon ein weißes Mädchen, das unter den langen Dächern weiter wohnen wollte und sich der Rückkehr widersetzte?

Wohin Marys Herz neigte, das wußten seit heute alle. Das fühlten alle. Aber, ob der Kleine Bart fühlte, was alle fühlten? Eine zaghafte Frage Marys, ob man nicht Hirschhorn hineinziehen sollte, er wüßte doch als Angehöriger des Hirsch-Clans gewiß etwas über die Absichten des Kleinen Bart, stieß auf allgemeine Ablehnung. Hirschhorn sei viel zu jung, er rechne kaum zu den Kriegern und heiratsfähigen Männern. Deshalb erführe er nichts von den Beschlüssen der Sachems.

Da ergriff die Mutter das Wort und sagte zu Kleinfalke: „Gehe du, mein Sohn, morgen zum Oberhäuptling und versuche seine Gedanken zu erfahren. Dann werden wir weiter beraten."

Die bedrückten Gesichter erhellten sich, von den wenigen Worten ging Zuversicht aus, wie immer, wenn die Mutter etwas anordnete. Ein wenig beruhigt suchte Mary nach dem Abenteuer des Tages ihr Schlaflager auf.

Am nächsten Morgen kehrte der Onkel als erster zurück von seinem Rundgang durchs Dorf. Die Häuptlinge seien alle der Ansicht, Mary dürfe gegen ihren Willen nicht fortgebracht werden.

Gleich danach erschien Kleinfalke, vor Wut außer sich. Er stotterte zunächst, aber dann, als er wieder ruhig sprechen konnte, kamen böse Nachrichten zu Tage.

Nach langen und höflichen Einleitungsreden hatte der Sachem glatt erklärt: alle weißen Gefangenen müßten nach Fort Niagara gebracht werden. In den anderen Dörfern hielten die Häuptlinge die Weißen bereits zur Abholung bereit. Er selbst sei vom Rat damit beauftragt worden, alle nach dem Fort zu bringen und dort abzuliefern. Jan van Sike habe auf seine Anweisung gehandelt.

Offenbar hatte der Bruder zuerst noch an sich gehalten und ruhig erklärt, seine weiße Schwester sei gar keine Gefangene mehr und sie wolle bei ihren Senecaschwestern und -brüdern bleiben. Erführe sie später den Aufenthaltsort ihrer weißen Brüder in Virginien, dann würde sie diese besuchen. Doch vorläufig hätte sie den Willen, im Falkenhause zu bleiben.

Daraufhin hatte der Kleine Bart lange geschwiegen und böse Blicke auf ihn geworfen. Schließlich habe er gebrummt, seine Ohren seien verstopft gegen die Reden von Weibern. Kleinfalke scheine selbst den Weiberrock zu tragen, wenn er auf solches Mädchengeschwätz höre.

Der Alte mußte noch mehr solch giftiger Reden geführt haben, denn Kleinfalke begann wieder vor Zorn zu stottern. Endlich schloß er mit den Worten: „Der Sachem will selbst kommen und unsere weiße Schwester fortführen."

Jetzt erschraken alle. Kam der Sachem wirklich, dann blieb wenig Hoffnung für Mary.

Die Mutter faßte sich zuerst und riet: „Meine Tochter, du mußt gleich verschwinden! Verbirg dich zunächst unter dem Gebüsch hinter dem Haus. Inzwischen wird dein Onkel Näheres erkunden. Findest du abends vor der rückwärtigen Tür drei Maiskuchen und eine Decke, dann mache dich zur Quelle am Stein auf und bleibe dort, bis Hirschhorn dir Nachricht bringt."

So geschah es in aller Hast. Und als Mary in der Dämmerung aus dem Gebüsch hervorkroch und vor den Falkenhaus-Eingang schlich, da fand sie die drei Maisbrote und die Decke. Eilig raffte sie alles an sich und wanderte unter einem Himmel voller Sterne der Quelle am Stein zu. Anfangs ängstigte sie sich, aber allmählich wurde sie ruhiger. Todmüde erreichte sie den entlegenen Ort in tiefer Nacht. Tagsüber in der Sonne hatte es hier viel freundlicher ausgesehen, jetzt war es unheimlich. Nachtvögel und fliegende Eichhörnchen huschten vorüber, und von allen Seiten drangen unbekannte Laute an ihr Ohr.

Mary hörte ihr Herz klopfen und kuschelte sich an die Steinwand. Dann schlief sie endlich ein.
Die ersten Strahlen der Sonne weckten sie. Sie erhob sich fröstelnd. Der frische Morgen machte sie hungrig, und so verzehrte sie ihr ganzes Brot. Die steigende Wärme schläferte sie wieder ein; die Augen fielen ihr zu. Gegen Mittag erwachte sie aus ihrem Halbschlaf.
Wo blieb nur Hirschhorn? Hungrig suchte sie nach ein paar Beeren, doch um diese Jahreszeit gab der Wald noch nichts her, und weit fort wagte sie sich nicht.
Sehnsüchtig hielt sie Ausschau, der Hunger begann sie zu peinigen. Da hörte sie Stimmen und ihren Namen rufen: „Dehewämis! Dehewämis!" Sie legte die Hand über die Augen und spähte in die flimmernde Weite, die sich vom Waldrand unendlich zum Fluß hin zog.
Da kamen die Freundinnen! Amsel lief voraus und winkte schon von weitem; die beiden hinter ihr mußten Frühlingswind und Märzbirke sein! Mary jubelte den Freundinnen entgegen.
Jede hatte ihr etwas mitgebracht: Fleisch, Brot, Laubkuchen, Ahornzucker, sogar einen Ball!
Von zu Hause war nicht viel zu erzählen; der Kleine Bart würde wohl jetzt gerade das Falkenhaus nach ihr absuchen; ein wenig müßte sie noch aushalten.
Als Mary gegessen und die anderen sich ein wenig in der Sonne gestreckt hatten, fingen sie an, Ball zu spielen. Im Viereck flog die bunte Kugel von einer zur anderen. Wer dreimal nicht fing, schied aus und mußte zusehen, bis die Siegerin feststand. „Ecken machen" nannten sie das.
Mit Lachen und Geschrei spielten sie, bis Frühlingswind meinte:

„Wir müssen wohl nach Hause, sonst vermißt man uns!" Dann liefen sie davon und winkten noch lange, bis sie in der Ferne verschwanden.
Mary sah ihnen nach, dankbar und freudensatt: hier würde sie niemals einsam sein; hier hatte sie wirklich Schwestern und Freundinnen!
Am Morgen des folgenden Tages kam Hirschhorn. Mary erkannte schon von weitem, daß alles gut war. Und da rief Hirschhorn auch schon: „Du bist außer Gefahr, der Kleine Bart ist fort nach Niagara." Und dann berichtete Hirschhorn ausführlich, während er das erschöpfte Mädchen mit Hirschfleisch fütterte, immer kleine Bissen zurechtschneidend.
„Lange und gründlich hat der Kleine Bart das Falkenhaus durchsucht", erzählte er dabei. „Da er dich nicht fand, zog er schließlich mit den anderen Gefangenen ab."
Dankbar blickte Mary den Freund an und legte ihren Arm um seine Schultern. Sie mußte sich dabei auf die Zehen stellen. „Nun bin ich ja in Sicherheit, und wir können nach Hause gehen."
Als sie mittags im Dorf anlangten, lagen Wege und Häuser friedlich da, wie immer, wenn der alte Sachem nicht auf seiner Bank saß und seine Äuglein straßauf und straßab lauerten. Aber wenn er nun wiederkam und von neuem zu suchen begann?
Die Mutter fegte diese Sorgen fort. „Du bleibst hier, meine Tochter. Ich habe gestern mit den Müttern des Hirschhauses gesprochen und besonders mit der Vaterschwester des Oberhäuptlings. Sie ist schon uralt" – Mary nickte, manches Mal hatte sie die Greisin an ihrem Stock herumhumpeln sehen – „aber trotz ihres Alters versteht und begreift sie alles, was man ihr sagt.

Sie hat mir versprochen, ihrem Brudersohn zu erklären, es ginge ihm wie Awenhai, falls er noch einmal versuchte, dich zu fangen und nach Niagara zu bringen."
Mary stutzte. Da klang er wieder, der geheimnisvolle Name, der so oft an ihr Ohr schlug. „Und wie ging es Awenhai?" Unwillkürlich drängte sich diese Frage auf Marys Lippen.
„Sie wurde durch ein Loch aus dem Himmel gestoßen und fiel in die Tiefe."
„Warum wurde sie denn in die Tiefe gestoßen?"
„Weil der Himmelshäuptling sie nicht mehr bei sich haben wollte."
„Ah, jetzt verstehe ich deine Worte! Wer will denn den Kleinen Bart nicht mehr, und wer stößt ihn in die Tiefe?"
„Die Mütter des Hirschhauses, meine Tochter, können es tun. Deshalb habe ich auch mit ihnen geredet. Sie allein wählen den Sachem und sie allein setzen ihn ab, wenn es gar nicht mehr mit ihm geht."
Wieder erleuchtete sich für Mary ein Teil des Dunkels, in dem sie seit Jahren lebte. So war das also! Der anscheinend allmächtige Oberhäuptling wurde von den Frauen des Hirsch-Clans gewählt, und sie durften ihn aus seinem Amt entfernen. Vielleicht ging es mit den Häuptlingen ähnlich, auch ihre Würde hing wohl von den Frauen ihrer Großfamilie ab.
Daher die Macht der irokesischen Mütter! Daher auch die Gewißheit ihrer eigenen Mutter, die von dem Kleinen Bart sprach als von einem erledigten Mann, wenn er dem Rat der Mütter nicht folgte. Ihr war, als sähe sie die Mutter zum ersten Male. In ihrer Hut blieb sie sicher. Erleichtert vergrub sie ihre Zähne in den Laubkuchen, den Amsel gebacken hatte.

Von nun an galt Mary im Dorf als Indianerin. Nie wieder trat ihr der holländische Händler zu nahe; nie wieder spann der Kleine Bart dunkle Pläne, die nur seiner Habsucht dienten. Im Gegenteil, van Sike benahm sich äußerst höflich, er zog schon von weitem den Hut, wenn er Mary sah. Auch der Sachem murmelte einen Gruß, wenn ihm die Falkentochter begegnete.

Manchmal sogar schien es Mary, als ob die Männer der Falkenfamilie – nicht nur der Onkel – vorsichtig ihren Rat einholten für diese oder jene Angelegenheit, die mit den neuen Herren des Forts zu regeln war, mit den Engländern. Der lange Krieg war wirklich aus und zu Ende, auch hier am Genesee.

X

Das Kriegsbeil lag tief begraben unter den Wurzeln des Friedensbaumes, die Pfade liefen wieder eben und glatt durch den Wald, und die Vögel zwitscherten keine bösen Nachrichten mehr. Die Händler zogen wieder durch die Dörfer mit Tuchen, Decken, Kesseln, Gewehren, Pulverbeuteln, Beilen und Messern, mit allem, was die Indianer brauchten.

Wolldecken wärmten mehr als Leder, Stoffkleider schmiegten sich dem Körper besser an, und eiserne oder metallene Geräte waren schärfer und biegsamer als solche aus Holz oder Stein.

Es kamen aber nicht nur die Händler, es kamen auch andere Weiße, die sich um Geld und Verdienst nicht kümmerten und die ganz andere Absichten verfolgten. Sie erschienen meist zu den Festtagen, wenn alle Dorfbewohner zu Hause waren.

Hier am Genesee, in der Heimat der Irokesen, wurden alle Ereignisse des Jahres gefeiert: das Zuckerkochen, die Aussaat des Maises, das Pflücken der reifen Bohnen, die ersten milchigen Maiskolben, dann der Abschluß der Ernte und das Neujahrsfest.

Der diesjährige Erntedank war das erste Fest seit langem, seit dem Beginn des Krieges, das man feiern konnte wie früher, weil die Männer und Jungen nicht mehr in Busch und Wald lagen, um weißen Soldaten aufzulauern und weiße Siedler zu überfallen. So waren also genug Tänzer da, um den Federtanz aufzuführen als Dank an den Großen Geist.

Mary wurde mitbestimmt, die Einladungen im Dorf herumzutragen, zusammen mit Amsel, Frühlingswind und noch zwei jungen Burschen aus dem Bären- und Wolfs-Clan. So lief sie denn mit den anderen Boten durch die Häuser und sang die Einladung: „Meine Tanten, meine Tanten, meine Onkel, meine Onkel! Wir wollen unseren Lebenserhaltern und Owaniyo, der Großen Stimme, danken. Jeder wird gebeten, teilzunehmen. Reinigt eure Häuser! Schafft den Abfall fort! Nichts darf die Feier hindern oder hemmen! Heute über vier Tage!"

Die Mädchen machten sich so schön wie möglich. Frühlingswind konnte Farben herstellen. Sie rieb auf einem Brett trockene, unansehnliche Wurzeln, mischte noch Fett hinzu und zauberte das schönste Gelb und Rot. Märzbirke dagegen holte eine ganz besondere Überraschung hervor, die vom Ohio hierher an den Genesee in ihrer Tasche gewandert war: eine neue Kette!

Die anderen staunten: „So etwas Schönes! Hellblaue Perlen! So blau wie der Himmel! Woher hast du denn die Kügelchen? Lege sie doch einmal um!"

Märzbirke tat es nur zu gerne und ließ sich bewundern. Mary wollte den Preis wissen, den der Händler verlangt hatte.

„Ein Marderfell! Ich hatte es mir schon lange für die blauen Kügelchen aufgehoben, seitdem ich sie zum ersten Male gesehen hatte!"

„Ein Marderfell für diese Glasperlen!" Mary war empört und wollte der Schwester klarmachen, wie sehr sie der Händler betrogen hatte. Aber Märzbirkes enttäuschtes Gesicht ließ sie verstummen; der Gauner war ja längst über alle Berge.

„Sind die Perlen denn nichts wert?" wollte Märzbirke jetzt wissen, mißtrauisch geworden.

„Nun, nicht gerade so viel wie ein Marderfell, aber sie sind sehr hübsch, und sie stehen dir prächtig!" Eine steile Falte stand

zwischen Marys Augen. Warum betrogen die Händler so gemein? Weshalb nutzten sie die Unwissenheit der Schwester so niederträchtig aus?
Es gab viel Arbeit, die lange nicht benutzten Festkleider herzurichten; hier eine offene Naht, dort eine abgeplatzte Stachelschweinborste. Drei Tage saßen die Mädchen draußen in den Blaugraswiesen zwischen Dorfstraße und Fluß, halb versteckt in den hohen Büscheln. Sie arbeiteten um die Wette: Märzbirke sollte noch eine Tuchjacke bekommen – Kleinfalke hatte den Stoff dazu geschenkt – und Frühlingswind ein Umschlagtuch mit gestickten Rändern. Mary freute sich wieder einmal über ihr Nähzeug vom Marsh Creek, vor allem über die Schere. Dieses Gerät aus zwei Messern kannten die anderen gar nicht. Sie nannten es einfach klipp-klapp, wußten aber bald ebenso geschickt damit umzugehen wie Mary selbst.
„Wie gut, daß du damals dein Nähzeug im Fischbach vergessen hast, als wir nach Du Quesne fuhren", meinte Amsel nachdenklich.
„Ja, sonst läge es heute auf dem Grunde des Ohio", ergänzte Mary. Eine Pause entstand, und Märzbirkes Augen verschleierten sich. Ihr kamen die Tränen am schnellsten. Elchkuh war ihr wie den anderen eine zweite Mutter gewesen.
Vom Dorf her kam Schwälbchen gesprungen. „Ihr sollt nach Hause kommen, Großmutter schickt mich!" Stumm rafften sie ihre Sachen zusammen. Morgen war ja auch noch ein Tag.
Endlich war es soweit. Noch vor Sonnenaufgang stand man auf, denn der Erntedank dauerte nur bis zum Mittag wie alle irokesischen Feste. Wie immer kämpfte Mary mit dem Holzkamm gegen ihr Haar, dessen dicke Strähnen kaum zu bändigen waren.

Plötzlich fühlte sie, wie von hinten jemand ein Band um ihre Stirn legte, und dann vernahm sie die Stimme der Mutter: „Nun wird es besser halten und dir nicht immer ins Gesicht fallen!" Das Mädchen drehte sich um, nahm vorsichtig das Band ab, und hielt voller Freude einen ledernen Ring mit aufgemalten Zweigen und Blüten in der Hand. Die Ränder waren mit blauem Tuch eingefaßt.

Ein Gürtel und eine Tasche kamen auch noch hinzu, nur war das Leder hier nicht bemalt, sondern mit Stachelschweinborsten bestickt. „Diese Handarbeiten werden dein Herz erfreuen, ich habe sie im Winter für dich gestickt. Freue dich daran. Fleißige Mädchen sieht die Maismutter gerne!"

Mary errötete, so hübsche Sachen hatte sie nie besessen. Auch Tasche und Gürtel waren blau eingefaßt; der blaue Rand trug gelbe Kreuze, und blaue Blüten strahlten auf dem weißen Leder. In der elterlichen Blockhütte am Marsh Creek schmückte man sich nicht mit so viel lustigen Farben, das Leben war dort härter und einfacher. Die Mutter hätte gewiß solche Zeitverschwendung verboten und Betsy ... Mary stutzte, aber dann gab sie in Gedanken zu: ihre jetzigen Schwestern waren ihr lieber als Betsy.

Fröhlich lief sie mit hinaus zum Festplatz bei der dicken Sommereiche. Andächtig stand sie mit den Frauen des Falkenhauses in dem weiten Ring, den die Dorfgemeinde rings um den Baum, den großen, flammenden Holzstoß und den Sprecher schloß. Der Sprecher rief den Dank der Menschen nach oben in den blaßblauen Himmel, den leichter Nebel verhüllte.

Allen Wesen der Welt dankte die Stimme: Bäumen und Sträuchern, Tau und Regen, Bächen und Flüssen, Wolken und Winden,

Sonne und Sternen, den drei Lebenserhaltern Mais, Bohne und Kürbis, und Owaniyo, der großen Stimme oben.
Immer wieder warf der Sprecher eine Handvoll Tabak in die Flammen. Blaue Wölkchen qualmten durch die gewaltige Krone empor und trugen seine Worte hinauf zu dem Geber des Lebens.
Und nun sah Mary zum ersten Male, wie die Tänzer zum großen Federtanz anrückten mit nickenden Federbüschen auf den Köpfen, klingelnden Glöckchen an den Gürteln, Hirschhufenklappern an den Kniebändern, eine lange, schlangenartig sich windende Linie. Sechs oder sieben Männer gesellten sich nun zu dem Sprecher mit Klappern und Rasseln, sie gaben den Takt für die Tänzer an.
Da kamen die Tänzer und umkreisten den Baum in einem großen ovalen Ring, angefeuert von den Zuschauern. Mary erkannte auch Hirschhorn und winkte ihm verstohlen zu. Er tanzte unter den letzten. Ein seltsamer, kurzer Takt sprang aus der Mitte des Ringes auf und lenkte die tanzenden Männer. Schnell und rhythmisch setzten sie die Hacken mit einem leichten Stoß auf, anmutig den Fuß abrollend, und sofort in den nächsten Schritt verfallend.
Nach zwei Runden gingen sie mit einem gellenden „gwiya“ in langsamen Schritt über. Eine Gruppe von Sängern stimmte den Dankgesang an, der in unzähligen Strophen wiederholte, was der Sprecher zuvor gesagt hatte. Ständig wechselte Schnelltanz und Dankgesang mit langsamem Schritt. Unermüdlich brauste das Lob der Schöpfung empor. Dazu klingelten die Glöckchen, tönten die Rasseln und Klappern, jauchzten die begeisterten Zuschauer!

Der Morgen war neblig und verhangen heraufgezogen, aber jetzt – auf dem Höhepunkt des Federtanzes – brach die Sonne durch und übergoß die Eiche, die Tänzer und die Zuschauer mit ihrem fröhlichen Licht. Die Mutter wandte sich zu den Mädchen: „Owaniyo sieht uns und freut sich. Kommt, wir wollen mittanzen!"

Mary zögerte, doch als sie die Schwestern, die anderen Frauen und die Freundin sich einreihen sah, da tat sie ein paar Schritte. Die Mutter nickte ihr aufmunternd zu, und siehe! Der Takt der Klappern führte die Füße fast von selbst. Sogar die Kleinen wie Schwälbchen und Wirbelwind tanzten mit: die Freude riß alle fort!

Als die Sonne am höchsten stand, löste sich der Ring der Feiernden auf. „Nach dem Mittag zieht sich der Große Geist zurück und ruht aus", meinte die Mutter. „Lauft und holt unseren Anteil von dem Maisbrei, den die Helfer für alle gekocht haben!"

Mit gefüllten Schüsseln wanderten sie nach Hause zurück. Auf dem Heimweg bemerkte Mary in dem Gewimmel auf einmal eine ganz auffällige, schwarz gekleidete Gestalt. Es mußte ein Fremder sein, keiner von den Händlern, die trugen sich anders, sondern irgend jemand von weit her, vielleicht ein Weißer, der den Erntedank mitfeiern wollte.

Der Fremde ging langsam vor ihnen her. Seinen schwarzen Hut hielt er in der Hand, es mochte ihm in seinem hochgeschlossenen Rock heiß geworden sein. In der anderen Hand trug er ein Paket. Von seinem Haupte wallten lange, silberweiße Locken.

Niemand kümmerte sich um den Alten, denn jedermann eilte mit seinem Maisbrei nach Hause. Von gelegentlichen weißen Besuchern war man ohnehin Merkwürdiges gewöhnt. Wahrscheinlich hatte der Mann im Dorfe keinen Menschen angetroffen und war, geführt von Klapper, Rassel, Gesang und Jauchzen, hinaus auf den Festplatz gekommen.

Mary sah, wie der Fremde sich suchend umblickte und dann nach kurzem Stutzen überrascht stehenblieb, offenbar, weil er in ihr eine Weiße erkannt hatte und sie ansprechen wollte. Richtig! Als sie mit der Mutter und Amsel näherkam, redete sie der Greis an: „Sprichst du englisch, meine Tochter?"

Mary bejahte: „Ich spreche englisch, mein Großvater."

Der alte Mann schien mit den indianischen Gewohnheiten vertraut zu sein; er lächelte etwas über die Anrede. Dann sagte er: „Ich bin ein Bote Gottes und komme im Auftrage der Missionsfreunde in Philadelphia. Als ich das Dorf leer fand, bin ich hierher gegangen, um jemanden um Unterkunft für die Nacht zu bitten. Nun sehe ich dich, ein weißes Mädchen, und halte das für einen Fingerzeig Gottes. Der Herr hat mich zu dir geführt; du kannst mich sicher beherbergen."

Mary besprach sich schnell mit der Mutter – Amsel und Märzbirke waren schon weit voraus –, und die Mutter war sofort einverstanden: „Der fremde Mann ist uns willkommen; die Tür des Falkenhauses steht jedem Gast offen."

Mary lud den Wandersmann ein, und der Greis nahm dankend an. Schwälbchen und Wirbelwind wollten sich mit dem Paket des Großvaters beladen, aber der Alte wehrte ab: „Das ist doch zu schwer für euch."

Zu Hause bezog der Gast eine von den leeren Kojen. Er verzehrte am Feuer der Mutter eine Schüssel Maisbrei und Hirschfleisch, wobei er zuvor dem Großen Geist mit lauten Worten dankte. Er berichtete dann von seinem Weg.

„Schon am frühen Morgen bin ich aus dem Dorf am großen Wasserfall von hier flußabwärts aufgebrochen. Es war weiter als ich dachte, und das Paket wurde mir schwer genug." Was er eigentlich wollte, sagte er nicht, und selbstverständlich fragte auch niemand danach, nicht einmal die neugierige Amsel. Nach dem Essen zog er sich in seine Koje zurück, um zu schlafen.

Am Abend erschien er ausgeruht und gestärkt und setzte sich zu Mary und Amsel ans Feuer. Die Mutter ließ sich auch durch Gäste nicht aus ihrer gewohnten Ordnung bringen und hatte sich mit den beiden Kleinen bereits auf die Schlafbank gelegt. Der Gast schien sie auch nicht zu vermissen; er fühlte sich offenbar zu den beiden Schwestern hingezogen, die beide englisch sprachen; Amsel natürlich nicht so gut wie Mary, aber immerhin deutlich und verständlich genug.

Zunächst erkundigte sich der Greis danach, wie Mary hierher gekommen sei, an den Genesee, „in das Land der Heiden", wie er sich ausdrückte. Mary erzählte kurz von ihrem Schicksal.

„Also deine Brüder leben noch?"

„Ja, ich habe erfahren, daß meine Brüder Thomas und John mit dem Leben davongekommen sind. Sie sollen bei unserem Großvater in Virginien leben."

„Aber wo dort? Virginien ist groß. Weißt du nicht den Namen einer Stadt in der Nähe?"

„In der Nähe von Richmond. Genau weiß ich es nicht, denn ich war nie dort."

Der alte Mann zog ein Papier aus der Tasche und machte sich Notizen. „Also Thomas und John Jemison", murmelte er. „Ich werde mich gelegentlich erkundigen." Es sah nicht aus, als ob er es eilig damit hätte. Anderes schien ihm mehr am Herzen zu liegen.

„Meine liebe Tochter“, begann er wieder, „dich hat Gott sichtbar dazu bestimmt, mir zu helfen. Du mußt wissen, daß mich die Gesellschaft der Missionsfreunde von Philadelphia hierher geschickt hat. Ich soll erkunden, wo man am besten beginnen kann, das Wort Gottes am Genesee zu predigen. Es ist sicher die Absicht Gottes gewesen, dich hierher zu bringen und dich zu einem Grundstein der Mission zu machen. Vielleicht hast du selbst schon versucht, die Heiden aus ihrer Finsternis ans Licht zu führen?“

Mary wurde verlegen. Der alte Mann saß so vertrauensvoll auf seinem Holzblock und blickte sie so freundlich und väterlich an, als habe er seine eigene Tochter vor sich. Sie wurde noch verlegener, als Amsel wissen wollte: „Was meint denn der fremde Großvater mit den Heiden? Was sind das für Leute? Wo wohnen die eigentlich?“ Zum Glück sprach die Schwester bis auf das Wort „Heiden“ irokesisch, so daß der Gast ihre Frage nicht verstand.

Der Greis sah ihre Verlegenheit und strich ihr sanft über das Haar. „Nun, du bist wohl noch zu jung, um selbständig im Weinberg des Herrn zu arbeiten, aber helfen kannst du mir.“

Er zog seinen Packen herbei und nestelte die Lederriemen auf. „Ich habe einige Bibeln mitgebracht, und ich lasse eine hier, damit du darin lesen kannst. Du siehst, das Heilige Buch ist auch mit Bildern geschmückt. Die Missionsgesellschaft hat gedacht, die Bilder würden am besten wirken, da ja die Irokesen nicht lesen können. Sorge nur dafür, daß die Mitbewohner dieses Hauses die Bilder sehen.“

Mary nahm das Buch, bedankte sich und nötigte den Gast zum Essen. Sie begriff nur halb, was der ehrwürdige Mann sagte.

Amsels stürmische Fragen – die Schwester hatte natürlich noch weniger verstanden – wehrte sie kurz ab: „Ich weiß auch nicht wo die Heiden wohnen, und ich habe auch nicht verstanden, was der fremde Großvater hier will."

Doch seine letzten Worte am nächsten Morgen verstand sie. „Ich danke dir und deinen indianischen Verwandten für die Gastfreundschaft", sagte der Missionsbote beim Aufbruch. „Die Gesellschaft in Philadelphia wird gewiß jemanden hersenden, um zu predigen, vielleicht sogar mich. Bewahre nur die Worte in deinem Herzen, die ich dir gesagt habe, mein liebes, armes Waisenkind! Auch ich werde dich nicht vergessen!"

Damit ging er. Schwälbchen und Wirbelwind sollten ihn noch ein Stück begleiten und ihm den Weg nach „Schwankende Rohrstengel" zeigen, dem nächsten Dorf flußauf. Es lag nicht weit von dem hohen Wasserfall, wo der Genesee zwischen steilen Felswänden zu Tal donnert.

Mary stand wie vom Blitz getroffen und sah dem scheidenden Gast nach. Was hatte er gesagt? „Mein armes Waisenkind!" Das war sie. Das war sie in den Augen der Weißen! Etwas Ähnliches hatten schon die Leute in Du Quesne geredet. Damals hatte ihr diese Rede nicht so weh getan. Warum sollte sie ein Waisenkind sein? Hatte sie nicht Mutter, Schwestern und Freundinnen? Hier im Falkenhause war sie kein Waisenkind.

Der schwarzgekleidete Mann hinterließ im Dorf Gesprächsstoff für den ganzen Herbst. Immer wieder wurden Mary und Amsel ausgefragt; die Bibel ging von Hand zu Hand, verwundert durchgeblättert und war zuletzt voller Fingerspuren auf jenen Seiten, wo Bilder zu sehen waren. Die anderen Seiten mit den vielen schwarzen Zeichen blieben das Geheimnis des redenden Blattes, das

Owaniyo den Blaßgesichtern gegeben hatte, und um das sich der Rote Mann nicht zu kümmern brauchte.
Nur einer dachte anders und wollte mehr wissen: der Onkel. Er betrachtete immer wieder das Bild, auf dem die Sintflut über die Erde brauste und die Arche mit den Wellen kämpfte. Dann begann er zu fragen: „Was erzählen denn die Weißen vom Anfang der Welt?"
Mary dachte nach. „Es gab zuerst nichts; nur Owaniyo schwebte über dem Wasser."
„Über dem Wasser? War denn die Erde mit Wasser bedeckt?"
Mary überlegte wieder. „Ich glaube wohl."
„Und wie entstand unsere Insel? Ich will sagen, wie entstand die Insel der Weißen? Denn wie unsere Insel entstand, weiß ich."
„Owaniyo drängte das Wasser zurück und ließ trockenes Land hervorkommen und pflanzte Sträucher und Bäume darauf."
Auf den Onkel machten diese Auskünfte einen ungeheueren Eindruck. „Die Weißen haben etwas von unserer Geschichte gehört", meinte er. „Du wirst es selbst sehen."
Dann erzählte er die Geschichte von Awenhai, die oben im Himmelslande wohnte und eines Tages von ihrem Manne heruntergestoßen wurde auf die Erde, die damals ganz von Wasser bedeckt war. Die Tiere sorgten für eine Insel, auf der sie leben konnte, und dort gebar sie eine Tochter, Wirbelwind hieß das Mädchen; es wuchs schnell heran und bekam Zwillinge.
Der Onkel erzählte langsam und ausführlicher als seinerzeit Elchkuh. Er berichtete von dem guten Zwillingsbruder Ahornbäumchen und dem bösen Zwilling Feuerstein, und wie der böse die Werke des guten zunichte machte. Der böse schuf auch als Gegenstücke zu den braunen Menschen des Bruders weißliche Mißgestalten.

„Wir glaubten, die weißen Geschöpfe des Feuersteins seien ausgestorben. Doch seitdem die Blaßgesichter auf unserer Insel erschienen sind, wissen wir, daß die Kinder des bösen Bruders noch leben. Wir sind Ahornbäumchens Kinder, aber die Weißen stammen von Feuerstein. Sie bringen Krankheiten, die wir früher nicht kannten, sie reißen die Brust der Mutter Erde mit eisernen Pflugscharen auf, sie vergiften uns mit Feuerwasser, sie betrügen uns mit schlechten Waren."

Mary senkte den Kopf. „Wohin gehöre ich, mein Onkel? Ich trage doch auch die weiße Hautfarbe!"

„Aber du hast kein steinernes Herz. Ich habe dich beobachtet von jenem Tage an, da du unter das Dach des Falkenhauses tratest. Du gehörst zu den Kindern Ahornbäumchens. Jetzt weißt du, weshalb wir die Sitten der Weißen nicht annehmen dürfen. Sonst bekommen wir ihre steinernen Herzen, und Owaniyo verbirgt sein Gesicht vor uns."

Auf ihrem Lager grübelte Mary noch lange. Etwas in ihr wehrte sich gegen die Reden des Onkels. Sie dachte an ihre Mutter am Marsh Creek, ihren Vater, ihre Freundin Tonia. Ihre Gestalten waren blasser geworden, ihre Stimmen klangen leiser, wie aus weiter Ferne; aber noch immer spürte sie die wortkarge Liebe, die sie auch damals, trotz aller Strenge, umfangen hatte. Konnten steinerne Herzen so viel Wärme geben?

XI

Der Friede, von den Frauen im Dorfe so lange herbeigesehnt, breitete sich nur langsam aus. Die Seneca am Genesee zwar packten ihre Steinschloßflinten auf den Boden zu dem alten Gerümpel und ließen sie dort verstauben. Die jungen Männer benutzten ihre Gewehre mitunter zur Jagd, aber nur ungern, denn die älteren Jäger machten Witze über die Donnerbüchsen, deren Knallerei das Wild vergrämte.

Pfeil und Bogen taten nach ihrer Ansicht denselben Dienst, nur rascher und lautloser. Jedenfalls wurde die Landschaft stiller, als der ferne Widerhall einzelner Schüsse aus den Bergwäldern nicht mehr über die Niederungen flog.

Dafür beunruhigte der Widerhall ferner Gerüchte die Menschen. Die Mohawk an der Osttür des gemeinsamen irokesischen Langhauses wollten keine Ruhe geben.

Sie dachten gar nicht daran, sich dem allgemeinen Frieden anzuschließen und planten Streifzüge in die sogenannten Deutschen Niederungen nach Sonnenaufgang, wie sie es viele Jahre getan hatten und wie sie es nun schon gewöhnt waren. Wenigstens erzählten sich die Leute dergleichen.

Die Engländer schienen nichts davon zu ahnen, denn sie benutzten den neuen Frieden, um sich untereinander zu zanken. Und davon erzählten sich die Leute nicht abends am Feuer, das erlebten sie im Dorfe des Kleinen Bart selbst.

Eines Tages, kurz nach dem Besuch des Missionsboten, trafen die Falkenmutter und Amsel in dem Pflaumenhain einen fremden Mann, der sich über einem Feuerchen einen Hasen briet.

Sie fragten, wer er sei und woher er käme, und der Fremde antwortete in deutlichem, wenn auch stockendem Irokesisch: „Ich heiße Ebenezer Allen und komme aus der Stadt Philadelphia. Meine Mutter – sie ist seit langem tot – war eine Seneca; mein Vater ein englischer Händler.

Die Leute dort wollten nicht viel von mir wissen; sie verspotteten mich wegen meiner roten Haut. Da bin ich eines Tages in Wut geraten und habe einen im Zorn halb tot geschlagen. Nun muß ich hier irgendwo ein Unterkommen suchen, bis zu Hause alles vergessen ist."

Die Zuhörerinnen wunderten sich über diese Geschichte, aber dergleichen mochte ja vorkommen. Doch wer hätte gedacht, daß die Weißen untereinander so böse sein konnten?

Im Falkenhause überlegte man hin und her. Schließlich war Ebenezer ja kein richtiger Weißer, und schließlich stand der Winter vor der Türe, wo man selbst die Hunde ins Haus ließ. Kurz, Ebenezer durfte eine Gästekoje beziehen.

Er mußte allerdings versprechen, sich manierlich aufzuführen, niemanden zu schlagen und auch mit den Männern des Falkenhauses auf die Jagd zu gehen und die Beute zur allgemeinen Verteilung abzuliefern. Ebenezer versprach, was verlangt wurde.

„Und wer flickt seine Mokassins?" fragte die Mutter abschließend. Das bedeutete so viel, wer kocht für ihn und hält seine Kleider in Ordnung?

„Das tue ich", erklärte Amsel, rot werdend. Damit war diese Frage erledigt, und der Fremde war in die Hausgemeinschaft aufgenommen.

Nach dem dicken Jan van Sike und dem ehrwürdigen Großvater von der Mission war Ebenezer nun der dritte Weiße oder Fremde,

den das Dorf näher kennenlernte. Auf seinem schmalen Kopf thronte immer eine gestrickte Mütze, sogar nachts. Rechts und links neben seiner etwas langen Nase saßen ein paar pfiffige Äuglein, die keinen Vorteil vorbeiließen.
Ja, dieser Ebenezer, obgleich er noch sehr jung war, glich ein wenig dem Kleinen Bart, jedenfalls zwinkerte er genauso mit den Augen. Deswegen mochte er auch den Sachem von Anfang an nicht leiden und nannte ihn schon am zweiten Tage eine alte, unausstehliche Vogelscheuche.
Der Neuling fiel allgemein auf. Er trug blaue Tätowierungen auf den Armen und Händen: Sonnen, Monde, Speere, Ringe, Blätter und noch andere, ganz unbegreifliche Dinge. Vor allem die Kinder wurden nicht müde, diese Figuren zu bewundern. Gleich am zweiten Tage ertappte Mary ihn bei der rückwärtigen Türe, wie er vor Schwälbchen und Wirbelwind und noch einem halben Dutzend Falkenkindern sein Hemd auszog, um die blauen Malereien auf Brust und Rücken zu zeigen: eine nackte Frau mit Fischschwanz und ähnliche abscheuliche Gestalten.
Mary jagte die Kleinen fort und hielt Ebenezer eine Standpauke: „Hast du denn deinen Verstand verloren? Dich vor den Kleinen auszuziehen? Erkälten wirst du dich auch noch!"
Ebenezer schlüpfte eilig wieder in sein Hemd: „Entschuldige schon, ich wollte ja nur den Kindern eine Freude machen! Sie haben mich so lange gequält, bis ich nachgab."
Mary lachte. „Das glaube ich gerne, Schwälbchen und Wirbelwind sind die Neugier selbst. Aber laß dich nicht von der Mutter bei solchen Sachen erwischen, sonst mußt du dich nach einer anderen Koje umsehen!" –
Der neue Gast hatte eine Leidenschaft: er erzählte gerne und mit

Vorliebe gräßliche Sachen, bei denen jedem Zuhörer die Haare zu Berge standen. Zum Glück saß er meist an Marys und Amsels Feuer und sprach englisch, was außer den beiden Schwestern kein Mensch verstand. Zuerst gruselte es die Zuhörerinnen, dann merkten sie die Übertreibungen, und schließlich lachten sie den Aufschneider einfach aus.

Sobald Ebenezer sich eingewöhnt hatte, zog er mit Kleinfalke und den anderen Falkenmännern zu langen Jagdzügen in den Wald und kam oft erst nach Tagen wieder, einen Geruch von Laub und Moos in den Kleidern. Mary mochte ihn gut leiden. Seitdem sie ihn einmal den größten Lügner der Welt genannt hatte, tat er alles, was er ihr an den Augen ablesen konnte.

Kleinfalke behauptete, Ebenezer liefe wie der Wind: „Ich habe noch nie einen Menschen mit so flinken Füßen gesehen. Was dem Kleinen Bart auf seiner Hausbank an Nachrichten zufliegt, das erläuft sich Ebenezer mit seinen schnellen Beinen."

So wurde der Neuling bald im Dorfe bekannt. Wenn er ein Haus betrat, dann rief es von allen Seiten: „Komm her, setze dich an unser Feuer und erzähle, was du Neues gehört hast." Denn man wußte, wie weit Ebenezer auf seinen Jagdfahrten herumkam.

Nur mit Hirschhorn vertrug er sich nicht, oder besser gesagt, Hirschhorn vertrug sich mit Ebenezer nicht. Hirschhorn war gewohnt, seine Abende mit Mary und Amsel zu verbringen. Nun mußte er erleben, wie die beiden Mädchen über Ebenezers phantasievolles Mundwerk lachten, wie ihnen bei den Reden des Neuen die Arbeit rascher und leichter von der Hand ging, und wie er mit seinem ärmlichen Englisch geradezu ausgeschlossen wurde aus der fröhlichen Runde, einfach weil er nicht verstand, worüber sich die anderen freuten.

Er versuchte Ebenezer schlecht zu machen. „Der redet ja wie ein Heer Stare im Herbst! Soviel könnte er vielleicht erlebt haben, wenn er hundert Jahre alt wäre, aber jetzt hat er nur den Bauch voll Wind!"

Doch da wurde Amsel zornig: „Ebenezers Winde riechen ja nicht, wir hören sie nur!"

Mary sagte etwas sanfter: „Laß ihn doch; es macht ja nichts, wenn er sich drollige Geschichten zusammenphantasiert."

Diese Zurechtweisungen taten Hirschhorn weh. Er machte ein betrübtes Gesicht und blieb mehrere Abende fort. Aber der arme Hirschhorn sollte noch Schlimmeres erleben, und das kam so.

Als Ebenezer nach einer ungewöhnlich langen Abwesenheit wieder einmal am Feuer der Schwestern saß, da fragte er Mary unvermittelt:

„Du bist immer gegen meine Geschichten, ebenso wie Amsel, obwohl alle wahr sind. Du bist so sehr für Frieden und Ruhe, warum eigentlich? Schläft man bei solchen Zuständen nicht ein vor Langeweile?"

Marys Gesicht wurde ernst: „Ich habe meine Eltern und Geschwister im Kriege verloren. Meine indianische Mutter hat einen ihrer Söhne im Kriege verloren. Ich will mich deshalb lieber ohne Krieg langweilen, wie du es nennst."

Ebenezer kratzte sich verlegen unter seiner Mütze. „Tja, hatte ich ganz vergessen; entschuldige. Trotzdem: mit dem Frieden wird es in dieser Gegend bald aus sein."

„So? Warum soll es mit dem Frieden bald aus sein?"

„Nun, du magst es glauben oder nicht: die Dörfer der Mohawk denken gar nicht daran, ihre Waffen niederzulegen. Sie rüsten wieder zu Streifzügen an die Grenze. Sie schleifen ihre Messer,

und der schwarze Wampum geht um. Ich werde mitgehen, darauf kannst du dich verlassen."
Erschrocken blickte Mary auf. Ebenezer machte ein ehrbares Gesicht. Ob in seinen Augenwinkeln der Schalk saß, konnte sie bei dem unruhigen Feuerschein nicht erkennen. „Mein Bruder Kleinfalke hat auch so etwas von den Mohawk gesagt. Woher weißt du das?"
„Ich habe es selbst gesehen. Sie tanzen überall um die Marterpfähle. Dieses Mal soll es gegen Fort Stanwix gehen. Werden wohl leichtes Spiel haben, denn jetzt im Frieden lassen sie die Palisaden verfallen, die Schafsköpfe. Außerdem kommandiert dort nur ein Leutnant mit 20 Mann. Kenne ihn selbst. Er ist ein guter Junge, so um 20 herum, mit einem herrlichen Skalp."
Mary zitterte. Dieses Mal machte Ebenezer keine Späße. Die alten Erinnerungen, die sonst schliefen, tauchten wieder auf. Thomas und John zählten damals auch 20 Jahre! Und hier herrschte doch Frieden! Sollte es am Ostende des Langen Hauses wieder beginnen? Wer wußte, wie rasch der Brand sich fortfraß, und wie schnell wieder die Welt in Flammen stand. Verzagt blickte sie Ebenezer an. „Nun? Dir ist wohl der Mais verhagelt? Aber verlasse dich darauf: wenn einmal der schwarze Wampum überreicht ist, dann dauert es lange, bis der weiße Wampum dran kommt!"
„Das verstehe ich nicht."
„Das ist ganz einfach. Bei Kriegsanfang übergeben sie einen Gürtel, etwa handspannenbreit, aus lauter schwarzen durchlochten Muschelröhrchen. Bei Friedensschluß folgt dann genauso ein Ding in Weiß. Diese Wampumgürtel sehen ganz hübsch aus, mindestens so hübsch wie die schwarzweiße Kette da an deinem

Hals. Jedes Mal wird eine lange Rede gehalten. Und wenn einmal der betreffende Wampum übergeben ist, dann ist Krieg oder Frieden, daran halten sich die Stämme unverbrüchlich. Die Soldaten in Fort Stanwix werden bald so ein schwarzes Ding bewundern können."

Mary blickte den Sprecher abwesend an. Eine Falte erschien zwischen ihren Augen. Ein Gedanke stieg in ihr auf, so kühn, so abenteuerlich waghalsig, daß ihr der Atem stockte. Ebenezer wollte fortfahren, als Mary ihm ins Wort fiel. „Wie lange braucht man von hier bis Fort Stanwix?"

„Über Onondaga etwa acht Tage. Aber ich schaffe den Weg auch in fünf Tagen, darauf kannst du dich verlassen!"

Ebenezer prahlte natürlich wieder. Aber Mary lachte nicht. Wärme lag in ihrer Stimme, als sie antwortete, langsam und jedes Wort betonend. „Dieses Mal möchte ich mich auf dich verlassen, Ebenezer. Wirst du mich auch nicht enttäuschen?"

Ebenezer verschlug es die Sprache. So hatte Mary noch nie mit ihm geredet. „Natürlich kannst du das. Ich tue alles, was du willst!"

Dann flüsterte Mary auf ihn ein. Ebenezer stellte Fragen, und einmal lachte er laut auf. Am Schluß schlug er sich auf die Schenkel: „Das gibt einen Hauptspaß!"

Er verschwand in seiner Koje, und Mary tat etwas, was sie noch nie gewagt hatte: sie ging in die Kammer nebenan und weckte die Mutter. Die beiden führten ein langes Gespräch, nur halblaut, um Schwälbchen und Wirbelwind nicht zu stören.

Danach geschah noch etwas Außergewöhnliches: die Mutter besuchte spät abends noch das Hirschhaus. Zurückgekehrt legte sie sich nicht auf die Schlafbank, sondern richtete die halbe Nacht hindurch mit Mary zusammen die Kleider von Ebenezer, buk Maisbrot und packte kaltes Fleisch ein.

Amsel, die an diesem Abend von einem Besuch bei Frühlingswind und Hirschhorn spät nach Hause gekommen war, erfuhr nichts. Die Mutter schnitt ihre Neugier mit dem Satz ab: „Ich will es so, meine Tochter."

Mary erklärte, sie wisse selbst nichts, und dabei blieb sie auch, als sich die Falkenleute am nächsten Morgen darüber verwunderten, daß Ebenezer wieder aufbrach, wohlversorgt und mit geflickten Mokassins. Er war doch gerade erst gekommen!

Dieses Mal blieb er lange aus. Nach 15 Tagen kehrte er zurück, müde und erschöpft, und doch fröhlich. Er flötete und sang den ganzen Tag. Das Falkenhaus bemerkte, wie freundlich die Mutter und Mary zu Ebenezer waren, und wie Amsel von Tag zu Tag ein kummervolleres Gesicht machte.

Schließlich sprach Märzbirke offen mit Amsel über diese Veränderungen. „Ich wohne doch mit meiner Mutter an der Türe und sehe, wer bei uns ein und ausgeht. Warum besucht euch Hirschhorn denn nicht mehr?"

Die Freundin sah aus als wollte sie weinen. „Warum soll uns Hirschhorn besuchen; an unserem Feuer wird ja Ebenezer viel mehr geschätzt."

Märzbirke blickte verdutzt. „Ich habe immer geglaubt, deine Schwester habe Hirschhorn gern; jedenfalls war das deutlich zu merken!" Ein Blitz des Verständnisses hellte auf einmal ihre Miene auf: „Ach so! Daran hätte ich selbst denken können: Mary hat weiße Haut und Ebenezer ist ein halber Weißer! Natürlich ..." Bedauernd blickte sie Amsel an, deren Schultern in verhaltenem Schluchzen zuckten. Die Freundin tat ihr leid. –

Kurz danach sprach das ganze Dorf davon, Mary wolle Ebenezer heiraten. Schließlich hörte auch Mary dieses Gerede und erfuhr zu ihrer Verblüffung, Märzbirke und Amsel hätten solche Andeutungen gemacht.

Puterrot stellte sie Schwester und Freundin zur Rede: „In welchem Winkel eures Herzens habt ihr denn diese Gedanken gefunden? Ihr habt wohl Schwindelkraut gegessen! Ich denke nicht daran, Ebenezer zu heiraten!"

Die beiden sagten nicht viel zu ihrer Entschuldigung, und so blieb eine Verstimmung. Auch Hirschhorn ließ sich nicht wieder blikken, und Mary fand in ihrem beleidigten Stolz nicht als erste den Weg ins Hirschhaus, um mit dem Freunde offen zu sprechen und die Mißverständnisse aus der Welt zu schaffen.

Aber das Geschwätz im Dorf verstummte, und die Leute wandten sich anderen Dingen zu. Besonders freute man sich, von Kriegszügen der Mohawk nichts mehr zu hören. Die zornigen Männer an der Osttür des Langen Hauses hatten sich wohl beruhigt.

Doch plötzlich erwachten die alten, rätselhaften Geschichten aus dem Spätherbst wieder, kurz nach dem Fall des ersten Schnees. Bruder ‚Kleinfalke' und Onkel ‚Getüpfelte Feder' zogen um diese Zeit mit schwerbepackten Tragpferden nach Fort Niagara, um wie gewöhnlich das Jagdergebnis des Jahres an Fellen und Pelzen zu verkaufen und Decken, Tuche, Nadeln, Töpfe, Pfannen, Beile und Messer dafür einzuhandeln. Sie brachten große Lasten heim und natürlich auch eine Masse Neuigkeiten; in diesem Jahre aufregender denn je. –

Was hatten die Vögel in Fort Niagara gezwitschert? Da war im Spätherbst in Fort Stanwix ein Weißer erschienen: er müsse unbedingt den Leutnant sprechen. Man führte ihn zum Kommandanten, und dort trug der Mann im schönsten indianischen Stil eine lange Botschaft vor, in seinen Händen einen weißen Wampum hin- und herdrehend.

„Meine weißen Brüder", so sprach er, als sei er selbst Indianer, „der Große Geist will, daß seine Kinder in Ruhe, Frieden und Freundschaft leben. Nachdem nun die Engländer und die Franzosen die Kriegsaxt unter den Wurzeln des Friedensbaumes begraben haben, wollen auch die Mohawk ihre Gedanken an Streit verbannen, ihre Kriegskeulen verbrennen und die Dornen aus dem Weg räumen.

Der Große Geist soll freudig auf uns herabblicken und nicht mehr Wolken vor sein Antlitz ziehen, weil das Blut seiner Kinder die Erde rötet.

Zum Zeichen ihrer aufrichtigen Gesinnung haben die Mohawkhäuptlinge mich als Boten gesandt und mir als festes, gültiges Unterpfand diesen weißen Wampum gegeben, um ihn euch zu bringen. Solange die Flüsse zum Meere fließen, solange die Sonne am Himmel wandert, solange Tag und Nacht aufeinander folgen, solange soll Friede sein zwischen euch und den Kriegern der Mohwak."

Die Engländer, längst in Kenntnis gesetzt von den Vorbereitungen ihrer Gegner, hatten hoch erfreut den Wampum angenommen, den Boten festlich bewirtet und ihn schließlich mit einer Delegation zurückgeschickt, die Botschaft zu bestätigen. Der Mann habe auch die Leute aus Fort Stanwix zum nächsten Mohawkdorf begleitet, bis sie den Weg nicht mehr verfehlen konnten, und sei dann unter einem Vorwand verschwunden.

Die Soldaten aber mit ihrem Sergeanten, der Irokesisch sprach,

seien weiter gezogen, hätten den Mohawkhäuptlingen die Geschenke überreicht und ihnen den weißen Wampum gezeigt, ebenfalls Frieden versprechend.
Die Mohawk aber haben Nase und Mund aufgesperrt vor Staunen, denn – und hier lächelten die Erzähler – von einem weißen Wampum wußten die Mohawk nichts; im Gegenteil, sie wollten in den nächsten Tagen zu ihrem Kriegszug aufbrechen. Nun mußten sie mit sauren Mienen danken und obendrein noch freundliche Wörter sprechen, denn ein weißer Wampum war heilig und beendete alle Kriegsgedanken, Kriegsrüstungen und Kriegszüge.
Doch kaum waren die Weißen nach Fort Stanwix zurückgekehrt, da schlug die Verblüffung der Mohawk in Wut um. Wer hatte sich da in ihre Angelegenheiten gemischt? Wer hatte in ihrem Namen und hinter ihrem Rücken einen weißen Wampum überbracht? Sie forschten und fragten; auch in Fort Stanwix mußte in ihrem Auftrage ein Händler Recherchen anstellen. So bekamen sie nach kurzer Zeit heraus, daß dieser Bote niemand anderer gewesen war als Ebenezer aus dem Dorf des Kleinen Bart am Genesee!
Kleinfalke und der Onkel erzählten die Geschichte immer wieder. Im Nu machte sie die Runde. Die Zuhörer staunten: wer hätte das Ebenezer zugetraut?
Aber dann mußten alle lachen, bis ihnen die Tränen in den Augen standen. Jedes Mal, wenn die Geschichte aufgetischt wurde, erneuerte sich das Gelächter.
Selbst der Kleine Bart verzog sein Gesicht ein wenig und lächelte grämlich, wie die Sonne, die hinter Wolken auftaucht. Er hatte seinerzeit lange nach dem weißen Wampum gesucht, der auf

unerklärliche Weise verschwunden war, einfach aus dem Hirschhaus heraus unter seinem Bett weg.

Nun freilich wußten er und alle anderen, wohin dieser Wampum gewandert war. Doch der Sachem drückte ein Auge zu: der Spaß war sogar durch seine Grämlichkeit gedrungen und hatte Saiten in seinem Wesen angerührt, die lange nicht mehr geklungen hatten.

Nur einer lachte nicht: Hirschhorn. Immer wieder mußte er Ebenezers Heldentat anhören; wohin er auch kam, überall schlug ihm Ebenezers Name entgegen. „Hast du schon vernommen, weißt du schon, kennst du bereits die Geschichte von Ebenezer? Und Falkenmutter und Dehewämis haben ihm dabei geholfen!"

Er spürte, wie das Ansehen dieses Neulings im Dorfe stieg, wie man ihn fast zu den Häuptlingen rechnete, und wie sogar der Kleine Bart etwas Beifälliges murmelte. Hirschhorn hätte diesen Ebenezer am liebsten verprügelt und dann zum Dorfe hinausgejagt! So aber mußte er sich damit begnügen, Mary auszuweichen. Das Falkenhaus betrat er nicht mehr.

XII

Doch die herrliche Geschichte kehrte auch noch eine andere Seite hervor. Kleinfalke und Getüpfelte Feder wußten nämlich noch etwas. „Im Fort Niagara ist eine Abteilung Mohawk eingetroffen, geführt von einem gewissen Nettles. Die haben sich dort einquartiert und Erkundigungen von überallher eingezogen. Bei passender Gelegenheit wollen sie herkommen, Ebenezer fangen und in die Dörfer der Mohawk bringen, um ihn dort abzuurteilen."

Doch Ebenezer selbst, geschwollen von seinem neuen Ansehen, erklärte großspurig: „Das macht nichts, und wenn es Mohawks schneien sollte, werden sie mich doch nicht kriegen!" Er fettete sein Gewehr sorgfältig, nahm zwei Paar Mokassins und viel Maisbrot und verschwand jenseits der leeren Felder im Wald.

Keinen Augenblick zu früh, denn am gleichen Tage kam Nettles mit seinen Männern und suchte die Häuser ab. Die Leute ließen ihn gewähren. Sie foppten ihn noch obendrein, denn als er rechts und links nachfragte, wo denn Ebenezer geblieben sei, da hatte niemand jemals etwas von einem Ebenezer gehört.

Ja, der Kleine Bart fragte seinerseits, ob Nettles vielleicht wüßte, wo sein weißer Wampum geblieben sei; ihm sei ein weißer Wampum abhanden gekommen. Die Mohawks platzten fast vor Wut, sie mußten aber unverrichteter Dinge umkehren.

Ebenezer kam aus dem Wald zurück, heilfroh, daß er bei dem kalten und regnerischen Wetter wieder im Falkenhause wohnte, anstatt draußen in einem dicken, hohlen Baum zu sitzen, ohne Feuer, nur mit einer Decke. Er war stiller geworden, und Mary kam es vor, als sei er ihr und Amsel gegenüber mißtrauisch. Jedenfalls verriet er den Standort seines Baumquartiers niemandem. Ebenezers Mißtrauen erwies sich als richtig. Nettles schien schlauer als er aussah. Mitten im Neujahrsfest erschien er wieder, als die Leute nur noch an Falschgesichtpudding dachten, an das glückbringende Stroh und die Holzkloben für das Neujahrsfeuer. Die Masken zogen gerade von Haus zu Haus. Die Krankheiten wurden aus den Winkeln hinausgefegt, und die Kinder bettelten von Tür zu Tür um Zucker und Nüsse. Bis weit vors Dorf liefen sie, die weite, weiße Winterlandschaft mit ihrem fröhlichen Geschrei erfüllend.

Sie sahen Nettles und seine Leute von weitem kommen, dunkle Pünktchen in dem endlosen Schneefeld, anders als die zarten, bläulichen Schatten, die von den Bäumen auf das glitzernde Weiß fielen.

Wer kam schon mitten im Winter zum Genesee, jetzt, wo alle Dörfer das Neujahr feierten? So konnte sich Ebenezer schnell einen Reim machen, als die Kinder mit lautem Geschrei auf der Dorfstraße „Besucher" ankündigten: Diese Besucher kannte er. Rechtzeitig rettete er sich in den Wald.

Doch jetzt ging es nicht so glatt ab wie im Herbst. Nettles quartierte sich einfach im Falkenhause ein. Er verpflegte sich mit seinen Männern selbst und fiel niemandem zur Last, aber er wollte bleiben, bis Ebenezer endlich in die Falle lief. Auf Ausreden hörte er nicht:

„Ich weiß genau, daß Ebenezer hier wohnt. Irgend jemand im Dorf hat es mir fest versichert!"

Da war wenig zu machen. Die meisten Leute meinten, Ebenezer müsse sehen, wie er aus dieser Sache herauskäme; er habe sich

seine Lage selbst eingebrockt. Kleinfalke brummte nur, Ebenezer habe so schnelle Füße, den finge kein Mensch.
Der Kleine Bart tat natürlich nichts für einen armen Schlucker wie den hergelaufenen Gast – das wußte man vorher. Er tat zum Glück auch nichts gegen ihn; er tat eben gar nichts. So blieben die Frauen des Falkenhauses mit ihren Sorgen allein. Bei dem Frost konnte sich Ebenezer draußen den Tod holen!
Aber in der Nacht, als alles schlief und auch die ungebetenen Gäste in ihren Kojen schnarchten, zupfte es an Marys Decke. Sie fuhr in die Höhe und erkannte in dem ungewissen Flackerlicht des niedrigen Feuers Ebenezer, vor Kälte zitternd. Sie erschrak. Eilig schob sie einige Prügel in die Glut. Das fiel nicht auf, denn im Winter legte jeder Wachwerdende nach, damit das Haus nicht zu kalt wurde.
Dann wärmte sie das übriggebliebene Essen und füllte den heißen Brei in eine Holzschüssel. Ebenezer, auf der hohen Kojenschwelle sitzend, fiel gierig über den dampfenden Mais her. Zwischendurch wisperte er Mary zu: „Ich komme von jetzt an jede Nacht!"
„Bist du verrückt? Hierher, wo Nettles und seine Kerle wohnen! Ein Glück, daß Amsel so fest schläft. Wenn die etwas von deinem Besuch hier merkt, weiß es morgen das ganze Dorf. Nein, gehe ins Hirschhaus; die Tante des Kleinen Bart hilft dir bestimmt!"
„Ins Hirschhaus? Das werde ich bleiben lassen!"
„Warum denn?"
„Na, irgend jemand hat doch Nettles verraten, daß ich wieder hier war und nicht mehr draußen in meinem Baum. Irgend jemand muß mir doch die Mohawks wieder auf den Hals geschickt haben, jetzt zum zweiten Male!"

Mary stutzte. „Ja, Nettles hat gesagt, er wüßte genau, daß du wieder hier bist. Jemand aus dem Dorfe habe ihn benachrichtigt."

In Ebenezers flüsternder Stimme lag ein leiser Triumph. „Na, siehst du! Habe ich nicht recht gehabt? Das ist niemand anders als Hirschhorn gewesen! Wenn ich mich jetzt im Hirschhause blicken lasse, dann weiß es Nettles ebenso schnell, wie man eine Hand umdreht."

„Hirschhorn? Du bist nicht gescheit! Warum sollte denn Hirschhorn dich verraten haben?"

Ebenezer blickte Mary seltsam an. Das Mädchen wurde unsicher und errötete. Doch der Mann mußte wohl genug gefühlt und gespürt haben. „Du bist doch die reine Unschuld", murmelte er. „Kannst du dir nicht vorstellen, daß er mich hier fort haben will? Er ist doch eifersüchtig auf mich!"

Eine glühende Röte übergoß Marys Gesicht. Mit Mühe zwang sie sich zum Flüstern. „Höre auf mit diesem Unsinn. Ich habe Amsel und den anderen deutlich erklärt, daß zwischen mir und dir nichts ist. Hirschhorn hat also keinen Grund zur Eifersucht. Nein, mein Lieber, dich hat ein anderer verraten. Nächste Nacht gehst du zu Märzbirke und wärmst dich dort auf. Sie wohnt ja an der Osttür, ganz entgegengesetzt von Nettles."

Ebenezer nickte und verschwand wie ein Schatten. Zwei Tage später flüsterte Märzbirke im Vorübergehen Mary zu: „Mache dir keine Gedanken. Wenn die Kälte nicht stärker wird, dann ist ein hohler Baum ein leidlich gepolstertes Nest, wenigstens bei Tage. Beruhige auch Amsel!"

Es fiel kein Name weiter, aber dieses Wispern blieb auch ohne Namen verständlich.

Doch in große Verwirrung stürzten Mary die Reden Hirschhorns, den sie sofort aufsuchte, um Ebenezers Verdacht zu klären und zu zerstreuen. Sie konnte sich nicht vorstellen, daß Hirschhorn mit Nettles zusammengesteckt hätte.
Sie traf ihn an Frühlingswinds Feuer. Die Freundin zog sich sofort zurück, als Mary in dem halbdunklen Korridor auftauchte. Hirschhorns Gesicht leuchtete auf. Eilig stieß er neue Zweige ins Feuer; wischte einen Funken ab, der auf Marys Kleid geflogen war; fragte, ob sie gegessen habe und erkundigte sich eingehend nach der Gesundheit der Hirschleute.
Vorsichtig, ganz vorsichtig lenkte die Besucherin das Gespräch auf den Verdacht: „Es gibt Dummköpfe bei uns, die glauben, du hättest die Mohawks benachrichtigt, als Ebenezer von seiner Flucht aus dem Wald wieder zurückkam."
Über Hirschhorns Gesicht senkte sich ein Vorhang, nein eine Maske, deren Züge in Unbeweglichkeit verharrten. „Die Dummköpfe sagen die Wahrheit; ich bin es, der Nettles herbeiholte."
Mary fuhr zurück, ihre Augen blitzten. „Bist du denn von Sinnen? Schämst du dich nicht? Das hätte ich nicht geglaubt! Warum hast du das getan?"
„Ich verabscheue diesen Weißen! Ich verabscheue alle Weißen!"
„Dann mußt du mich ja auch verabscheuen!"
Hirschhorn wurde verlegen, schluckte ein paarmal und suchte sichtlich nach Worten. „Das ist etwas anderes. Aber dieser Kerl wohnt ständig im Falkenhause, und du und deine Mutter und Amsel sind freundlich zu ihm. Überall tut er groß mit seinem weißen Wampum, und die Leute erzählen, du hättest ihm dabei geholfen! Ja, sie erzählen sogar, du wolltest ihn heiraten!"
Mary dämmerte, weshalb Hirschhorn sich in letzter Zeit so

sonderbar benommen hatte, nie mehr im Falkenhause erschien und ihr ständig aus dem Wege ging. Es stimmte also doch, was Ebenezer vermutet hatte. Aus Eifersucht hatte Hirschhorn sich auf diese Gemeinheit eingelassen. Sie erwiderte kurz und ärgerlich: „Diesen Unsinn haben nur Amsel und Märzbirke erfunden; und ich habe ihnen verboten, solche Lügen weiterzuerzählen. Ich denke nicht daran, Ebenezer zu heiraten!"

Der junge Mann sog die knappen und ärgerlichen Worte ein, wie ein Verdurstender einen Becher Wasser. Ein Lächeln flog über seine Züge. „Wenn dem so ist, dann wird Nettles nichts mehr erfahren."

Hirschhorn begleitete die Besucherin noch ein Stück, aber Mary blieb einsilbig. Sie war um eine Enttäuschung reicher, vielleicht war es auch eine Erfahrung. Sie wußte es selbst nicht. –

Ob nun Nettles der Aufenthalt ungemütlich wurde oder ob er keine Nachrichten mehr bekam oder ob er einen wachsenden Widerstand spürte – Amsel hatte ihm sogar einmal das Feuer ausgegossen – schließlich zog er zum zweiten Male ab, ohne Erfolg.

Ebenezer kam aus dem Walde zurück, erbarmungswürdig anzusehen und noch dürrer als sonst. Amsel hatte Mühe, ihn wieder herauszufüttern.

Der Frühling erschien in diesem Jahre zeitig. Die Schwalben brüteten in den halben Kürbisschalen, die neben den Häusern an hohen Stangen hingen, und die Kinder vergnügten sich abends damit, die Fledermäuse mit hochgeworfenen Erdklumpen zu narren, da überraschte Nettles das Dorf zum dritten Male. In aller Frühe war er da und hatte Ebenezer festgenommen, ehe das Falkenhaus sich den Schlaf aus den Augen reiben konnte.

Als die Mohawks mit ihrem Gefangenen die Dorfstraße hinunterzogen, stürzte Hirschhorn mit einem dicken Knüppel hervor, um Ebenezer herauszuhauen, aber er bekam selbst einen derartigen Keulenhieb über den Kopf, daß er halb bewußtlos auf das Bänkchen vor der Tür des Hirschhauses taumelte und lange Zeit von nichts mehr wußte.

Der Gefangene ergab sich in sein Schicksal. Er schickte auch Amsel zurück, die unter Schimpfen dem Trupp folgte und allen Mohawks den Tod im Wasser wünschte, und Schlimmeres ließ sich gar nicht sagen, denn im Wasser lebte alles Böse, auch die Schlangen.

Aber das Falkenhaus brauchte sich nicht lange zu sorgen. Nach fünf Tagen war Ebenezer wieder da, erschöpft und außer Atem. Seine Erzählung weckte wieder ein allgemeines Gelächter.

Er war mit den Mohawks ganz friedlich bis Fort Niagara gegangen. Als sie durchs Tor marschierten, sahen sie ein Haus in Flammen stehen. Hastige Leute schleppten unten Betten, Stühle und Töpfe heraus. Oben im Giebelfenster rief eine Frau erbärmlich um Hilfe, aber niemand hörte sie bei dem Geschrei und Gelärme.

Sofort rannten Nettles und seine Leute los, um zu helfen und zu retten. Ebenezer stand plötzlich auf der Straße, ungefesselt, denn kein Mensch hatte sein Entwischen für möglich gehalten.

Doch jetzt nahm er seine Beine in die Hand und rannte wie ein Hase davon. Als Nettles nach seinem Rettungswerk, halb erstickt vom Qualm, sich auf den Gefangenen besann und ihn holen wollte, da gab es nichts zu sehen als die Felder rings um das Fort, die sinkende Sonne und die bunte Fahne über dem Tor.

Nettles starrte eine Weile einfältig in die Gegend, als könnte sich der Verschwundene in dem gerade keimenden Mais verborgen halten. Dann beging er die Dummheit, im Fort von Haus zu Haus nachzufragen: „Habt ihr Ebenezer Allen vielleicht gesehen?"

Die Leute bogen sich vor Lachen, als er mit seiner Geschichte herausrückte. Seitdem liefen ihm die Kinder nach mit dem Geschrei: „Hast du Ebenezer nicht gesehen? Da kommt Ebenezer!"

Die Frechsten versammelten sich sogar vor seiner Türe, klopften an und riefen: „Ebenezer ist gekommen, Herr Nettles!"

Stürzte der Gefoppte dann wutentbrannt hervor, liefen die Jungen davon und jauchzten aus sicherer Ferne: „Ebenezer! Ebenezer!" Nach drei Tagen hatten es die Mohawks satt. Sie packten ihre Sachen und gingen nach Hause. Sie kamen nicht wieder, sie gaben die Jagd nach Ebenezer einfach auf, so wie sie den Krieg aufgegeben hatten.

XIII

Der aufregende Winter hatte Ebenezer verändert. Die vielen Tage und Nächte draußen im Wald, die er frierend in seiner Baumhöhle hocken mußte, die wenigen Stunden, die er sich im Hirschhause aufwärmen konnte, vergaß er nicht. Auch nicht die warme Kammer, die dicken Felle auf der Schlafbank, den Kessel mit Maisbrei und die braunen Hände, die seine Mokassins flickten.

Er heiratete Amsel gleich nach seiner Rückkehr aus Fort Niagara. Onkel und Mutter waren einverstanden, und Amsel wußte sich nicht zu lassen vor Glück, als sie mit ihrem Ebenezer eine neue Koje bezog. Sie wurde ganz wieder die alte, liebe Amsel!

Für Mary bedeutete diese Heirat eine große Veränderung: seit Jahren lebte sie mit dieser Schwester zusammen. Wie viele trübe Gedanken hatten nicht Amsels Trällern, Singen und Lachen verscheucht! Doch die Mutter fand auch hier einen Ausweg; sie gab Mary das kleine Schwälbchen in Pflege. Die Nichte schloß sich noch inniger an die Tante an; sie erblickte in ihr geradezu eine zweite Mutter. So hatte Mary außer Hirschhorn noch die Kleine zu betreuen, und das kindliche Geplauder half ihr über die Lücke in ihrer Stube weg.

Am besten bekam Ebenezer diese Veränderung. Er begann nachzudenken über seine frühere Zeit und entsann sich manchen Eigentums, das bei seinen Verwandten in der Nähe Philadelphias untergebracht war. Genaugenommen gehörte ihm sogar ein Pferd, und das konnte er jetzt gut gebrauchen!

Seine Frau redete ihm zu, besonders des Pferdes wegen. So entschloß er sich nach dem ersten Hacken des Maises, sein Eigentum zu holen und beredete Hirschhorn, mit ihm zu gehen. Und Hirschhorn war einverstanden; die beiden vertrugen sich jetzt sehr gut!

Mary entsann sich allerdings der entsetzlichen Prügelei, deretwegen er doch hatte fliehen müssen, doch Ebenezer fragte unschuldig: „Habe ich etwas von einer Prügelei erzählt? So, so. Geschlagen habe ich ja jemand, aber ob der nun gerade halb tot blieb, das weiß ich wirklich nicht mehr. Sicher war er nur betäubt. Nein, die Prügelei ist gewiß kein Hindernis."

Doch bevor die beiden Männer abreisten, geschah noch etwas. Ein Händler, der auf seinem Wege nach Fort Niagara im Hirschhause übernachtete, erkundigte sich nach einer Mary Jemison hier im Dorfe des Kleinen Bart. Die Leute schüttelten den Kopf: einen solchen Namen kannte niemand.

Hier sprach man auch nicht von Menschen mit ihrem Namen; so unhöflich benahm sich keiner; es hieß meist „mein Bruder, meine Schwester, meine Schwägerin, mein Neffe" und bei Fremden „mein Onkel, mein Großvater". Nein, eine Mary kannte man hier nicht.

Doch der Händler schien seiner Sache ganz sicher zu sein. Er fragte weiter, ob hier denn nicht ein weißes Mädchen lebe?

„Freilich lebt hier ein weißes Mädchen."

„Wo denn und wie heißt sie denn?"

„Das ist Dehewämis im Falkenhause!"

Einen solchen Namen hatte offenbar der Händler noch nie gehört, doch man wies ihm den Weg zu dem Hause mit dem roten Falken über der Türe: dort solle er sich erkundigen.

So kam Mary auf einmal zu einem Brief, den der Händler aus der

Tasche zog. „Mir ist das Schreiben von der Missionsgesellschaft in Philadelphia mitgegeben worden; und wenn du Mary Jemison bist, dann mußt du das Papier aufmachen und lesen."
Mary hielt das Blatt unschlüssig in der Hand und blickte auf die vielen schwarzen Zeichen, die außen standen und in noch längeren Kolonnen die Innenseite bedeckten. Sie sah den Mann hilfesuchend an. „Ich wohne jetzt über drei Jahre bei meinen indianischen Verwandten und bin an Geschriebenes gar nicht mehr gewöhnt, weil ich in dieser Zeit keine Gelegenheit zum Schreiben fand. Seid so freundlich und lest vor, was auf dem Blatt geschrieben steht!"
Der Mann murmelte: „Verstehe ich, verstehe ich! Entsetzlich, über drei Jahre!" Dann las er laut: „Geliebte Tochter! Als der Herr mich im vergangenen Herbst an den Genesee führte, da fügte er es, daß ich dich im Dorfe des Kleinen Bart kennenlernte. Ich hoffe, du hast meine Worte in deinem Herzen bewahrt."
„Ach", unterbrach Amsel, die gleich aus ihrer Koje herübergelaufen kam und andächtig zuhörte, „das redende Blatt kommt von dem fremden Großvater, der uns am Erntedank besuchte!"
„Halte doch deinen Mund", bat die Schwester, „und laß den Mann lesen!"
„Auch ich habe deine Worte behalten und dein Leben, so wie es Gott gefügt hat, in meinem Herzen erwogen. Dabei habe ich auch deine beiden Brüder nicht vergessen, die zu deinem Großvater geflüchtet sind, in die Gegend von Richmond, als du in die Hand der Heiden fielst."
Eine heiße Welle überströmte Mary. Mein Himmel! John und Thomas! Ob sie noch lebten? Ob der Missionsbote etwas über sie erfahren hatte?

„Meine Erkundigungen sind sichtbar gesegnet worden, denn ich hörte aus Richmond, daß deine Brüder John und Thomas Jemison in der dortigen Gegend gewohnt haben. Nach dem Tode deines Großvaters, der vor eineinhalb Jahren starb, sind sie nach Harris Ferry am Susquehanna verzogen. Sie sollen sich ihre neuen Anwesen unterhalb der Fähre am Fluß gebaut haben.
Des weiteren wird dir eine willkommene Nachricht sein der Beschluß unserer Missionsgesellschaft, zwei Delegierte zu dem großen Irokesenkonzil zu schicken, das im Herbst diesen Jahres stattfinden soll und zu dem . . ."
Der Händler las und las, doch Mary hörte nichts mehr. Aus dem untersten Grunde ihrer Seele brach hervor, was Sommer und Winter allmählich zugedeckt hatten. Die Bilder der Kindheit, verblaßt und undeutlich geworden, leuchteten plötzlich in den strahlendsten Farben: der Marsh Creek mit seinen Weiden und Birken, die Mutter im Rauch des Herdes hustend, der Vater am Holzblock, Betsy mit ihrem Geschimpfe, der wortkarge John und der stämmige Thomas, auf dessen Schultern sie so oft geritten war, fast ebenso hoch wie auf Lieschen.
Die beiden Brüder lebten! Sie wohnten gar nicht einmal weit, denn bei Harris Ferry überschritt die große Fahrstraße von Fort Pitt her den Susquehanna. Dort mußte man mit einer Fähre übersetzen. Den Oberlauf des Susquehanna sahen die Irokesen als Südgrenze ihres Landes an.
Mary erwachte erst aus ihrer Benommenheit, als der Händler ihr den Brief hinhielt. Sie riß das Blatt an sich, dankte mit hastigen Worten und rannte in die Kammer der Mutter, das Papier in der Luft schwenkend. „Sie leben noch, sie leben noch, und wohnen jetzt bei Harris Ferry", rief sie und sank atemlos auf die Schlaf-

bank. „Wie ich mich freue; ich kann dir gar nicht sagen, wie ich mich freue!"

In ihrer Aufregung vergaß sie ganz zu sagen, wer denn eigentlich noch lebte, aber die Mutter wußte sofort, worum es ging. „Ich freue mich mit dir, meine Tochter, daß deine weißen Brüder noch leben." Sie zählte an den Fingern: „Es sind drei Winter vergangen, seitdem du zu uns gekommen bist, und du hast deine Brüder seither nicht gesehen. Du mußt sie besuchen, und zwar sofort."

Mary schwindelte es; zu viel stürmte auf sie ein. „Ich sie besuchen?"

„Du mußt sie besuchen, meine Tochter. Ebenezer und Hirschhorn reisen doch in jenes große Dorf der Weißen nach Sonnenaufgang. Sie können dich mitnehmen und auf dem Rückweg wieder abholen. Eine andere Straße als den Susquehanna hinauf und hinunter gibt es ja nicht."

Weder die Mutter noch sonst jemand im Dorf dachte daran, Mary möchte am Ende bei ihren weißen Brüdern bleiben wollen. Mary selbst rührte dieser Gedanke nicht an, sie war viel zu aufgeregt. Thomas und John würden schon für sie sorgen. Wenn sie nur erst bei den Brüdern wäre. Wie mochte es ihnen gehen? Sie waren am Ende verheiratet und hatten Frauen und Kinder!

In dieser Ungewißheit fühlte sich Mary erleichtert, als die Mutter bestimmte, Amsel solle sie begleiten. Die Schwester jauchzte vor Freude, und Mary verlor das Gefühl, allein einem unbekannten Abenteuer entgegen zu gehen.

Natürlich wollten jetzt auch Schwälbchen und Wirbelwind mit zu den weißen Onkeln, und es kostete Mühe, die beiden Kleinen von diesem Wunsch abzubringen.

Ebenezer und Hirschhorn wurden gar nicht gefragt, ob sie wohl einverstanden seien: im Langhause hatten nur die Mütter, nicht die Väter oder Onkel zu entscheiden. Aber man merkte doch den Männern an, wie zufrieden sie waren, den beiden Schwestern auf der Reise eine Hilfe zu sein.
Hirschhorn putzte sich im schönsten indianischen Stil heraus, die Freundinnen nähten ihm neue Kleider aus Leder und sogar eine vorn zuknöpfbare Jacke, wie sie durch die Weißen auch am Genesee in Mode gekommen waren statt der Lederhemden, die man über den Kopf zog.
Ebenezer erhielt von Kleinfalke schwarzes Tuch, und daraus schneiderte er sich ein Prachtstück von Hose; freilich geriet sie zu völlig. Aber was tat das?
Die beiden Schwestern packten ihre besten Kleider ein aus blauem und rotem Stoff, an den Säumen mit bunten Stachelschweinborsten bestickt. Dazu kamen passende Geschenke: zwei Messer mit Hirschhorngriff und Lederscheide, und zwei Ketten aus weißen und schwarzen Muschelröhrchen zusammengesetzt, die sechsmal um den Hals gingen und schimmerten wie Tag und Nacht.
Der Sommer stand auf der Höhe, als sie unter den Wünschen und Gebeten aller aufbrachen. Selbst der Kleine Bart erschien und murmelte ein freundliches „Gute Reise". Mary wunderte sich über eine Handvoll langer dünner Stäbe, die der Sachem brachte und die Hirschhorn wortlos in seinem Gepäck verstaute. Doch da niemand fragte, fragte auch sie nicht.
Zunächst mußten sie mit den Körben auf dem Rücken ostwärts zum Tiogariver. Dort hofften sie in einem Dorf mit Namen „Bei dem Eichenswamp" ein Boot leihen zu können. Mit dem Kanu

gedachten sie den Susquehanna abwärts zu fahren bis Harris Ferry. Der Weg war also ganz einfach. Zurück mußte Ebenezer mit seinem Pferd am Ufer reiten, während die anderen im Boot stromauf paddelten; vorausgesetzt, daß Ebenezer wirklich sein Pferd bei Philadelphia fand. Es wurde eine andere Reise als der Marsch vor zwei Jahren, der Mary, Amsel und Frühlingswind vom Fischbach an den Genesee brachte. Damals schlug der herbstliche Regen durch die Kleider; jetzt flammten die Wälder unter einer ungeheuren Sonne, und die Luft glich einer wabernden Lohe.

Unter den dichten Baumkronen brütete erstickende Hitze, ein grünlicher Dunst schwamm zwischen den Stämmen, und Wolken von Stechmücken sickerten mit dem spärlichen Licht von oben herab und setzten sich in den Augenwinkeln fest, bis sie der Qualm des Lagerfeuers vertrieb.

Über Tag half eine kräuterversetzte Salbe gegen die Plage, aber besser und erträglicher wurde es erst nach einem Gewitter. Bald kamen sie zum Susquehanna. Über dem schnell dahinschießenden Flußspiegel verschwanden die Stechfliegen; der Gluthauch des Sommers hatte sich gemildert. Und als sie tiefer ins Gebirge kamen und die Felswände des Susquehannatals sich höher türmten, senkte sich von oben kühlere Luft hernieder. Die Reisenden freuten sich, als die Blauen Berge sich öffneten und dem eingeengten Strom den riesenbreiten Lauf in die Ebene freigaben.

Am gleichen Tage erreichten sie Harris Ferry, den ersten weißen Wohnplatz östlich des Gebirges, eine kleine Festung am Rande der weißen Welt. Wohnhäuser, Ställe und Scheunen umstanden einen viereckigen Platz, und die gesamte Anlage umzog noch eine zweimannshohe Palisade.

Gerade war eine Kolonne von sechs Wagen eingefahren; die Männer strängten die Zugochsen ab, die Frauen schleppten Eimer mit Wasser vom Fluß herauf, und die Kinder tobten wie ein wildes Heer im Hof. Inmitten des Getümmels fand Ebenezer auch den Besitzer des Anwesens. Herr Harris gab freundlich Bescheid: „Ja, gewiß, die Brüder Jemison wohnen weiter abwärts. Haltet euch nur auf dem Uferweg, dann seht ihr die Häuser bald liegen. Es gibt keine anderen weit und breit auf diesem Ufer."

Mary drängte vorwärts. Alles Schwanken fiel von ihr ab: sie hatte das Gefühl, als müsse sie den Brüdern in die Arme fliegen. Ob der Missionsbote wohl John und Thomas benachrichtigt hatte?

Das Herz schlug ihr bis zum Halse, als abseits vom Strom der Giebel eines Blockhauses mit Stall und Scheune auftauchte. Sie verließen das Kanu, zogen es hoch aufs Ufer und nahmen das Gepäck wieder auf den Rücken.

Ringsherum war der Wald gefällt. Das übliche Bild einer frischen Rodung mit Baumstubben, Gestrüpphalden und beiseite gewälzten Stämmen tat sich auf. Dazwischen grünten Flecken hohen Maises, breiteten Kürbisse, Gurken und Bohnen ihre Blätter. Mitten darin standen die schindelgedeckten Blockbauten aus waagerecht liegenden Rundhölzern. Das Wohnhaus hatte am Giebel einen mächtigen Kamin aus Steinen. Die Brüder hatten keinen Baum geschont, nicht einmal eine Eiche oder Buche gegen den Blitz am Leben gelassen. Trotz der Hitze wehte Mary etwas Kühles an, ein Gefühl von Verlassenheit und Fremde.

Jetzt trat aus dem vordersten Haus eine hochgewachsene Frau mit straff zurückgekämmtem Haar. Sie wandte sich noch einmal um und sagte etwas rückwärts in die Diele hinein, dann ent-

deckte sie die Näherkommenden und musterte sie argwöhnisch. Gewiß, der Krieg war zu Ende, aber hier draußen in dieser Wildnis blieb man vorsichtig.
„Wohnen hier John und Thomas Jemison?" fragte Mary.
„Ja", antwortete die Frau und zögerte unschlüssig. „Mein Mann und mein Schwager sind mit den Ochsen auf dem Feld, aber sie können jeden Augenblick wieder kommen!"
Bewegt tastete Mary nach dem richtigen Wort. „Ich bin Mary Jemison, die Schwester von John und Thomas."
Überrascht starrte die Frau sie an. Unglauben und Zweifel malten sich auf ihrem Gesicht. „Mary Jemison? Mary Jemison? Thomas hatte immer von seinen Schwestern Betsy und Mary erzählt, aber sie sind beide bei dem Überfall am Marsh Creek ums Leben gekommen, wenigstens erzählte es mein Mann so!"
„Das trifft zu für Betsy und die Eltern. Nur ich bin am Leben geblieben. Erst jetzt habe ich erfahren, wo ihr wohnt, und habe mich gleich auf den Weg gemacht, um euch zu sehen. Bist du die Frau von Thomas?"
Die große Blonde überhörte die Frage. „Du bist so zierlich und schmal, anders als deine Brüder. Aber das helle Haar, die Augen und die Nase" – sie machte eine nachdenkliche Pause und musterte Mary noch einmal – „die sind ganz Jemisons!" Dann streckte sie die Hand aus: „Ich bin Elisabeth, Thomas' Frau; komm herein. Wen hast du denn da noch mitgebracht?" Erstaunen lag in ihrer Stimme.
„Das ist meine Schwester Rotschwingenamsel"; Mary ergänzte hastig: „Meine indianische Schwester. Ich erkläre dir das später. Und das sind Ebenezer Allen und Hirschhorn. Die wollen beide nach Philadelphia und haben uns hierher gebracht."

Elisabeth lächelte etwas. „Ich dachte, die ganze Irokesenliga sei im Anmarsch, um uns zu überfallen. Du siehst ja selbst auch aus wie eine Irokesin!" Sie begrüßte die anderen und ging voraus ins Haus.

Ein Mädchen von eineinhalb Jahren lief ihnen entgegen und wurde von der Mutter als die kleine Betsy vorgestellt. Sie zeigte keine Scheu und kletterte den Gästen abwechselnd auf den Schoß. Auch die Schwägerin taute allmählich auf. Unter ihren kräftigen Händen ordneten sich die Angelegenheiten der Gäste im Nu. Die beiden Schwestern bekamen eine Kammer für sich; Ebenezer und Hirschhorn mußten mit dem Stroh in der Scheune vorliebnehmen.

„Weißt du", erläuterte Elisabeth, „dieses Haus haben wir John zugedacht, wenn er einmal heiratet; für uns wird es zu klein. Aber er kommt mit seinen Anträgen immer zu spät. Bis er den Mund auftut, hat seine Auserwählte längst einen anderen." Sie lachte herzlich. „So wirtschafte ich noch mit zwei Männern."

Über die schwarzweißen Wampumschnüre zeigte sie eine ungeheuchelte Freude. Die zweite Kette, eigentlich für Johns Frau vorgesehen, bekam die kleine Betsy. Mit ihren kräftigen Händchen zerriß sie sofort die Schnur, so daß die Muschelröhrchen über den ganzen Fußboden rollten.

Während Ebenezer und Hirschhorn die Wampums auf den Knien rutschend aufsammelten, benutzte Betsy ihre neuen Onkels als Pferde und ritt unter Jubelgeschrei auf ihren Rücken und zog sie an den Ohren, denn andere Zügel gab es ja nicht. Bald war alle Fremdheit geschwunden.

Von den Brüdern erschien Thomas zuerst. Er schirrte die Ochsen ab und führte die Tiere in den Stall. Elisabeth ging hinaus, um ihm die große Neuigkeit zu erzählen. Da hielt es auch Mary nicht mehr im Hause und sie lief der Schwägerin nach.

Es gab ihr einen Stoß, als sie den Bruder sah: das war ja der Vater noch einmal! Das abweisende, mißtrauische Gesicht des Bruders erhellte sich, als er Mary erblickte.

Kein Zweifel: er erkannte die Schwester sofort, trotz ihrer indianischen Kleider, trotz ihres Stirnbandes in den Haaren, trotz der langen Trennung.

Er schloß die Wiedergefundene in die Arme, streichelte ihre Wangen und verbarg seine Bewegung unter rauhen Worten. „Hätte dich fast nicht wiedererkannt in deiner Aufmachung. Siehst ja gar nicht mehr aus wie die alte Mary! Haben dich für tot gehalten seit dem Tage, an dem uns die roten Hunde überfielen!"

Eine zornige Falte erschien zwischen seinen Augenbrauen, als er im Hause Amsel und Hirschhorn sah. Ebenezer begrüßte er freundlich, aber beim Anblick der indianischen Gäste verfinsterte sich seine Miene wie der Himmel bei einer heraufziehenden Wetterwand.

Mary schrak zusammen. Was mochte der Bruder nur haben? Sie beeilte sich, dem Sturm zuvorzukommen und stellte die beiden vor, aber der Bruder knurrte nur Unverständliches und beachtete weder Amsel noch Hirschhorn.

Einen Augenblick später kam John, und da wiederholte sich das Schauspiel. Auch auf Johns Gesicht erschien eine ganze Skala von Gefühlen, von überraschter Bewegung bis zu eisiger Abwehr. Das Abendessen verlief einsilbig.

Mary sah, wie Amsel und Hirschhorn mit den Fingern beim Fleisch zugriffen; sie waren es vom Langen Hause her nicht anders gewöhnt. Aber ihr schoß eine verlegene Röte in die Stirn, als sie die geringschätzigen Blicke der Brüder bemerkte. Sie machte sich Vorwürfe, warum hatte sie die beiden nicht zu Hause gelassen? Nach dem Essen zogen sich die Gäste zurück: sie mochten fühlen, daß die Geschwister unter sich sein wollten.

„Gott sei Dank, daß die beiden hinaus sind! Ich bekomme keine Luft, wenn ich diese indianischen Visagen sehe", stöhnte Thomas erleichtert. John stopfte seine Pfeife und stieß ein zustimmendes Brummen aus.

„Wie könnt ihr nur so etwas sagen?" erregte sich Mary. „Ohne Amsel säße ich nicht hier. Wer weiß, wohin mich die Franzosen verhandelt hätten! Vielleicht wäre ich bei den Shawnees geblieben! Und Hirschhorn ist von Anfang an zu mir freundlich gewesen!"

„Was du nicht alles redest? Und wer hat unsere Eltern ermordet und Betsy und Ritchers? Das ist doch wohl dieses Pack gewesen oder etwa nicht?"

„Aber damit haben doch Amsel und Hirschhorn nichts zu tun! Das sind Senecas; sie gehören zu den Irokesen, und unsere Eltern sind von Shawnees umgebracht worden."

„Unsinn", knurrte John aus seinen Tabakwolken heraus, „das ist alles eins! Indianer ist Indianer! Wie sie im einzelnen heißen, ist ganz einerlei!"

„Und ich", ergänzte Thomas, „verstehe nicht, wie du überhaupt mit dieser Indianerin daherkommen kannst? In ein anständiges Haus mit solch einer Landstreicherin! Ebenezer nimmt sie doch wieder mit, wenn er von Philadelphia zurückkommt? Ist sie denn aus Neugier mitgelaufen? Du bleibst doch bei uns! Kannst ja nicht ewig draußen im Busch wohnen!"

Die letzten Worte hörte Mary gar nicht mehr, denn es begann in ihr zu kochen, und rote Flecken tanzten vor ihren Augen. Sie hieb mit ihrer kleinen Faust auf den Tisch, daß ein irdener Teller auf dem Boden zerschepperte, und schrie: „Ihr versteht überhaupt nichts! Ihr seid beide so dumm wie eure Ochsen!"
Die ruhige Stimme Elisabeths beendete den aufflammenden Streit. „Die Jemisons haben alle kräftige Fäuste", meinte sie lachend. „Hoffentlich bleibt noch ein wenig von meinem Haushalt übrig. Wollt ihr euch nicht erzählen, was ihr erlebt habt? Am besten fängt Mary an."
Mit Mühe unterdrückte Mary ihre Aufregung. Sie begann zu berichten, zunächst kurz, dann mit steigender Wärme: von den beiden Schwestern, die sie adoptierten, und von denen eine durch ihre Schuld im Ohio ertrank, von der Reise zum Genesee, von ihrer indianischen Mutter, ihrem Bruder und Onkel. Wie der Missionsbote das Dorf des Kleinen Bart besuchte und ihr später schrieb von Harris Ferry und wie sie sich gleich aufgemacht hatte.
Die Brüder hüllten sich in dichte Wolken. Im Falkenhause konnte es nicht ärger qualmen, wenn man bei Regen die Dachluken zuschob und der Rauch der Feuer in die Kojen schlug. Als Mary fertig war, meinte Thomas: „Feine Verwandtschaft, die wir da haben. Das Vernünftigste ist dabei, daß du sofort hergekommen bist. Alles andere findet sich schon."
Damit drückte er die Pfeife aus und begann nun seinerseits zu erzählen, angefangen bei jenem Schreckenstag, den die Brüder in der Scheune versteckt überlebten. Wie die Nachbarn sich an die Verfolgung machten und nach vier Tagen mit der Nachricht zurückkehrten, sie hätten alle tot gefunden. Wie sie dann zum

Großvater gezogen waren und nach dessen Tod hierher, weil es ihnen in Virginien zu heiß war und die Leute nur Tabak bauten. Die freundlichen Bilder der Gegenwart berührte der Bruder nicht. Mit keinem Wort verriet er, wo er seine Frau gefunden hatte, wann ihm die reizende kleine Betsy geboren wurde. Nur die Schatten der Vergangenheit lasteten unter der Balkendecke, als wollten sie niemals weichen. Das Gespräch schlief ein. Bedrückt sagte Mary gute Nacht. Elisabeth brachte sie mit einer Kerze in ihre Kammer.

Amsel schlief längst, aber Mary tat kein Auge zu. Sie ließ noch einmal die Erlebnisse des Tages an sich vorüberziehen. Kopfüber war sie mit ihren Sehnsüchten und Hoffnungen ins Ungewisse gesprungen, ohne zuvor nachzudenken und abzuwägen. Sie hatte einfach ihre Gefühle bei den Brüdern vorausgesetzt und sich niemals gefragt, ob Thomas und John auch so dachten wie sie.

Erst jetzt wurde ihr schmerzhaft klar, daß ihre Brüder nur auf einer Seite gelebt hatten und nur eine Seite kannten. Sie allein kannte beide Seiten der Welt: die weiße und die indianische. Sie allein wußte, daß die Gedanken des Herzens, von denen der Onkel so oft sprach, bei Weißen und Indianern gar nicht so verschieden waren, wie die Menschen behaupteten und daß alle bösen Worte nur aus der Unkenntnis kamen.

Sie spürte, daß sich bei den Brüdern der Schmerz des grauenvollen Erlebnisses festgesetzt hatte, daß hier Wunden schwärten, die kein Friedensschluß heilte. Im Falkenhause war das anders. Auch die Mutter hatte doch einen Sohn im Kriege verloren, aber wenn der weiße Wampum umlief, dann wurde auch Frieden in den Herzen.

Keinem Menschen am Genesee wäre es je eingefallen, einem der Händler oder gar dem ehrwürdigen Großvater von der Mission ein hartes Wort zu sagen oder sie mit solcher Nichtachtung zu behandeln, wie hier Amsel und Hirschhorn behandelt wurden.
Wie sollte es weitergehen? Fast mit Erleichterung fiel ihr ein, daß die beiden Männer ja morgen früh nach Philadelphia aufbrachen und damit den Brüdern aus den Augen kamen. Und darüber sank sie schließlich doch in einen unruhigen Schlaf.
Der Morgen zeigte ein friedlicheres Gesicht. Hirschhorn allerdings war erstarrt in jener Unbeweglichkeit, die Mary nur zu gut kannte. Er sprach kein Wort und erwiderte auch den Gruß der Brüder nicht, den sie ganz allgemein in die Stube brummten.
Thomas und John zogen wieder aufs Feld, um bei günstiger Windrichtung gefälltes Holz in Brand zu setzen. Ebenezer und Hirschhorn rüsteten zum Aufbruch. Beim Abschied fand der Freund die Sprache wieder. Er streichelte Marys Hand und meinte: „Ich werde in meinem Herzen an dich denken. Du hast auch noch andere Brüder. Sobald der Mond voll ist, sind wir wieder da."
Mary lebte auf. „Es wird schon gut werden. Bleibe gesund und denke nicht, daß alle Weißen so sind wie die Weißen hier in Harris Ferry." Unwillkürlich hatte sie das Wort „Brüder" vermieden.
Als Ebenezer in seiner schwarzen Flatterhose und Hirschhorn mit seinen langen Stöcken auf dem Rücken zwischen Strom und Wald verschwanden, griffen die Schwestern zu Hacken und begannen den Mais zu säubern, denn das Unkraut stand hoch, und Elisabeth fand keine Zeit, neben dem Haushalt auch noch nach dem Acker zu sehen.

Dabei sangen sie um die Wette und vergaßen die finsteren Mienen der Brüder ganz. Allmählich schienen diese milderen Sinnes zu werden. Sie lobten Amsels Arbeit – sogar der stumme John murmelte: „Sauber, sauber!“ – und redeten von selbst über ihre eigenen Pläne und Sorgen.

Eines Abends kam Thomas auf die Politik und die Lage der Ansiedler in den englischen Kolonien hier in Amerika. „Es sieht aus, als ginge die englische Herrschaft in unserem Lande zu Ende. Die Kolonien werden wohl den Treueid für den König von England aufkündigen und sich selbständig machen. Die Engländer haben im französischen Krieg nichts getan, als die Grenzerhöfe in Flammen aufgingen, und das hat niemand vergessen. Ich möchte nur wissen, wie sich die Irokesen dazu stellen? Du bist doch selbst eine halbe Irokesin“ – hier lächelte Thomas, er lächelte wahrhaftig – „und du mußt das doch wissen!“

Mary ließ den Bruder nicht im Ungewissen. „Uns ist es ganz gleich, ob sich die Weißen streiten und worüber sie sich zanken. Wenn ihr mit dem König von England kämpfen wollt, so wird sich bei uns keine Hand rühren, weder für den König noch für euch!“

Thomas machte große Augen. „So! Euch ist das einerlei? Nun, um so besser, wenn ihr neutral bleibt.“ Er betonte das „euch“ und „ihr“ nachdrücklich. Mary kam sofort zum Bewußtsein, wohin sie sich unwillkürlich gestellt hatte, und auf welche Seite sie der Bruder gestellt hatte. Doch sie nahm nichts zurück, und Thomas auch nicht.

Die Rückkehr der beiden Philadelphiawanderer stand schon vor der Tür, als Mary eines Nachmittags die Hacke vom Stiel flog. Sie ging zum Gehöft und suchte unter dem Gerät nach einer anderen Haue. Die Brüder bewahrten das Werkzeug im Stall auf. Während sie suchte, vernahm sie Stimmen aus der anstoßenden Scheune. Die dünne Bretterwand dämpfte das Geräusch kaum, und die Sprechenden hatten Marys leichte Mokassins wohl nicht gehört. „Das ist ja Unsinn", klang da Elisabeths Stimme in einem ungewohnt scharfen Ton. „Wenn du sie hier behältst, hast du auch die Verantwortung für sie. Ewig kann Mary nicht bei uns bleiben, und zum Heiraten sehe ich weit und breit keinen passenden Mann."

Dann kam Thomas' tiefe Stimme. „Stimmt schon, was du sagst. Aber schließlich ist sie ja unsere Schwester. Wir dürfen sie nicht in den Busch zurücklassen!"

„Ich habe dir schon hundertmal gesagt, daß wir mit ihr auch die indianische Verwandtschaft auf den Hals kriegen; diese Amsel bleibt sicher sofort hier. Vielleicht essen wir dann alle mit den Fingern. Bist doch sonst nicht so für die Rothäutigen!"

„Nein, Indianer kann ich auf die Dauer nicht sehen!"

„Hast du nicht längst bemerkt, daß Mary eine Halbindianerin geworden ist? Dieser Blick von unten herauf, dieser gesenkte Kopf von dem ewigen Lastentragen mit dem Tragband über der Stirn! Sie paßt nicht mehr zu uns!"

„Du hast ein gottloses Mundwerk, Frau! Du schwätzt dem Teufel ein Ohr ab! Aber wenn du meinst . . ."

Mary hatte genug gehört und schlich sich in ihre Kammer. Lange lag sie mit brennenden Augen auf ihrem Bett. Das schwankende Hin und Her war zu Ende. Sie versuchte ihre Gedanken zu ordnen. Brüder waren keine Eltern. Die Eltern hätten sie anders aufgenommen, auch mit ihren indianischen Verwandten, und solche Worte hätte sie niemals zu hören bekommen!

Schließlich ging sie hinaus, um mit ihrer Hacke aufs Feld zurückzukehren; Amsel würde sich wundern über ihr langes Ausbleiben.

Auf dem Hof begegnete ihr John. Er musterte sie scharf, dann nahm er die Pfeife aus dem Mund und sagte: „Weißt du, auf die Dauer wird Thomas das Haus zu klein werden und er muß sich ein neues bauen. Dann wohne ich allein dort drüben" – er deutete mit dem Pfeifenstiel auf das Blockhaus –, „und wir beide hätten genug Platz, findest du nicht auch?"

Mary nickte abwesend, sie murmelte etwas Zustimmendes. Aber das schien John gar nicht zu stören; er war heute sehr gesprächig. „Du kannst ja nicht immer am Genesee bleiben, und hier wird wohl für unsere Schwester noch ein Platz sein! Sobald wir das größere Haus gebaut haben, hole ich dich."

Damit verschwand er im Stall, ohne Antwort abzuwarten. Seine bestimmte, tiefe Stimme schien auch jede Antwort auszuschließen. Wenige Tage nachher trafen Ebenezer und Hirschhorn mit einem schwer bepackten Pferde wieder ein; es war also doch nicht alles gelogen, was Ebenezer erzählt hatte. Der Abschied fiel herzlicher aus als der Empfang. Die Brüder nötigten der Schwester Geschenke über Geschenke auf.

„Ich habe vier Hennen und einen Hahn in deinen Korb gepackt", sagte Thomas, und John fügte hinzu: „Du nimmst auch noch ein Milchschaf mit zwei Lämmern mit. Du kannst dann am Genesee Haustiere züchten, bis du herkommst."

Elisabeth machte ein betroffenes Gesicht. Thomas sagte nichts, nickte aber nach einem vorsichtigen Blick auf seine Frau.

Mary war erleichtert, daß Amsel nichts davon sah und hörte. Die Schwester kniete bei den Lämmern; sie freute sich wie ein Kind.

Sie war ja die ganze Zeit hindurch nicht aus dem Staunen herausgekommen über die unbekannten Tiere. Am meisten bewunderte sie einen kleinen Spitz, der erst zwei Monate alt war und sich an sie angeschlossen hatte. Sie tanzte vor Entzücken, als sie ihn geschenkt bekam. Und so zog denn das Blöken und Kakeln der Tiere mit der kleinen Karawane fort in die unendlichen grünen Wälder der Blauen Berge.

XIV

Die Rückreise von Harris Ferry zum Genesee ging sehr langsam, denn Hirschhorn und Ebenezer mußten mit Pferd und Schafen den Uferpfad benutzen. Hin und wieder fuhr auch einer der jungen Männer mit im Boot, um Mary und Amsel beim Paddeln zu entlasten, denn es ging ja der Strömung entgegen.

Ebenezer war sehr stolz auf seinen Gaul und ritt meist auf ihm, während Hirschhorn versuchte, Wild für den Kochtopf zu jagen. Aber meist hielt man sich ans Fischen, und oft konnten die Reisenden den großen Fang kaum bewältigen.

Überall an den Rastplätzen der Indianer standen die Bratgerüste am Ufer. Und wenn es nicht gerade regnete, brannte das Feuer schnell und die Fische garten früher als Wildbret.

Der Sommer hatte seine größte Hitze schon verströmt, und es war eine angenehme Fahrt.

Ebenezer und Amsel freuten sich jedesmal, wenn sie sich mittags und abends wiedersahen und tollten herum wie die Kinder. In Amsels Augen war Ebenezer jetzt ein großer Mann, denn ein so schönes Pferd hatte niemand im Dorf.

Nur Mary und Hirschhorn waren nicht mehr so lustig wie auf der Hinfahrt, und jeder hatte seinen Grund dafür. Mary verfolgten die Erlebnisse von Harris Ferry. Wie anders hatte sie sich das Wiedersehen mit den Brüdern vorgestellt! Das waren doch nicht mehr John und Thomas! Die Brüder von Harris Ferry hatte sie am Marsh Creek nie gesehen. Die Bilder der Jugend waren zerstoben. Die Stelle der verblassenden Erinnerung nahmen neue, härtere Eindrücke ein. Mary fühlte deutlich, ein Abschnitt ihres Lebens war zu Ende gegangen. Das Erlebnis würde noch lange schmerzen, aber sie mußte damit fertig werden.

Anders bei Hirschhorn, ihn hatte die Reise nicht enttäuscht, ihn hatte sie nur verwirrt. Alles, was er in den letzten Tagen gesehen hatte, konnte sein Verstand gar nicht so schnell verarbeiten.

Von seiner Wanderung unter den Weißen sprach Hirschhorn nur bedrückt und beunruhigt, obwohl Mary zunächst gar keinen Grund dafür fand. Denn überall waren die jungen Männer freundlich aufgenommen worden, meist von Quäkern, die Ebenezer sofort an ihren runden Hüten erkannt hatte.

Eines Abends endlich machte Hirschhorn seinem Herzen Luft. „So viele Weiße, so viele Menschen zusammen sah ich noch nie! Zuerst suchte ich die Menschen zu zählen und machte eine Kerbe in meinen Stock, wenn ich zehn Weiße gesehen hatte. Dann machte ich nur noch Kerben für die Dörfer, als ich aber in eine Stadt kam, gab ich es auf."

„Wo hast du denn deine Stöcke?" fragte Mary.

„Fortgeworfen!"

Mary suchte den Freund aufzumuntern. Sie spürte, wie er etwas Ungeheures zu verarbeiten suchte, sie fühlte, wie er mit etwas Unfaßlichem rang, so wie es ihr gegangen war, als sie in den indianischen Wigwam am Fischbach kam.

„Awenhais Welt ist doch größer, als wir gedacht haben." Mary deutete auf ein Lämmchen, das noch in der Packtasche an der Seite des Pferdes schaukelte, während das Mutterschaf mit einem Lamm am Ufergras rupfte. „Die drei müssen doch auch mit Awenhai vom Himmel gefallen sein, und keiner hat es gewußt", setzte sie hinzu.

Hirschhorns Gesicht erhellte sich, er lachte sogar wieder. Nein,

Schafe kannte man am Genesee nicht. Nicht einmal am Ohio und in der Gegend um Fort Du Quesne – jetzt Fort Pitt – hatte man solche Tiere gesehen.
Die drei neuen Mitreisenden machten viel Mühe. Mary fand sofort die passenden Namen: Das Mutterschaf hieß Lieschen und die Lämmer Schwälbchen und Wirbelwind. Wie würden die beiden Mädchen staunen über die neuen Spielgefährten!
Die unruhigen Tiere konnten nicht im Boot verstaut werden, sie wanderten mit dem Pferd auf dem Uferpfad dahin. Aber die Lämmchen liefen nur streckenweise und blökten bald vor Müdigkeit. Man mußte sie tragen oder in einer Tasche an den Sattel hängen. So ging es nur langsam vorwärts, weniger weil das Kanu gegen die Strömung gepaddelt werden mußte, als vielmehr der Schafe wegen.
Auch der Transport des Geflügels war nicht einfach, vor allem nicht das Füttern. Mary ließ die Tiere einfach aus ihrem Deckelkorb und streute ihnen Mais. Wie wild stürzten sich die Hühner auf die Körner. Dann wollten die Schwestern sie wieder in ihr Gefängnis setzen, aber das glückte nur bei den Hennen; der Hahn dagegen flatterte – husch – auf den nächsten Ast!
Als Hirschhorn ihn herunterholen wollte, flog er noch höher in die Baumkrone hinauf. „Laß ihn nur; er kommt morgen früh von selbst herunter, sobald er Hunger hat", meinte Mary. Und wirklich: am Morgen stellte sich der Flüchtling von selbst ein.
Die geringste Arbeit machte der kleine Spitz. Hatte er sich am Euter des Schafes satt getrunken, dann setzte er sich zufrieden in seine Tasche und schlief meistens. Bellen konnte er noch nicht, und Amsel wurde nicht müde, ihn zu streicheln.
Mit jedem Tage kamen sie der Heimat näher. Als sie das Kanu

verließen und zu Fuß weiterzogen, dehnten sie die Tagesmärsche, so weit sie konnten. Vor Sonnenaufgang weckte sie der Hahn mit seinem lustigen Kikeriki, das Amsel endlos wiederholte, und abends leuchtete ihnen der Mond noch ein Stück Weges.
Zweiundzwanzig Nächte nach dem Aufbruch von Harris Ferry sahen die vier Wanderer die vertrauten Dächer wieder auftauchen. Das ganze Dorf lief zusammen. Natürlich nahm das Erzählen kein Ende, sobald die Lieben im Falkenhaus begrüßt waren und die müden, blasenbedeckten Füße sich ausgeruht hatten.
Jeder wollte von der Reise hören, bis in die Einzelheiten hinein. Den größten Eindruck machten die Schafe und Hühner, mehr noch als seinerzeit die Ochsen. Der Onkel fragte, warum denn die Geschichte von Awenhai nichts von diesen Tieren sage, ob am Ende der Himmelshäuptling sie nur für die Weißen durch das Himmelsloch herabgeworfen habe? Ja, wer wußte das?
Die Kinder fragten gar nichts. Sie liefen scharenweise hinter den „Hunden mit dem weißen Pelz" her, wenn sie unter Schwälbchens und Wirbelwinds Aufsicht auf den Blaugraswiesen weideten. Jeder wollte die Neulinge streicheln und zausen und hören, wie sie blökten.
Noch am späten Abend erschienen Kinder im Falkenhause, um zu sehen, wo die „Weißhunde" schliefen. Den richtigen Hunden, die zuerst den Schafen mit Gebell an die Beine fuhren, erging es schlecht. Doch nach vielen Prügeln und Steinwürfen begriffen sie, daß sie den neuen Tieren nichts tun durften.
Die Mutter schlug vor, Schafe und Hühner in einer Gästekoje unterzubringen, aber Mary wehrte ab: „Nur ein paar Tage, bis Hirschhorn und Ebenezer einen Stall gebaut haben."
So geschah es. Bald stand ein niedliches Rindenhäuschen vor der

Osttür im Pflaumenbusch, und die Schafe fühlten sich dort recht wohl. Die Hühner gewöhnten sich rasch daran, im Gebüsch neben dem Stall unterzuschlüpfen und nachts auf den Ästen zu schlafen. Doch damit waren Marys Sorgen noch nicht behoben.

Die Indianer kannten keine Haustiere außer Hunden und neuerdings auch einigen Pferden. Die Hunde mußten sehen, wo sie blieben und Futter fanden, und den Pferden erging es nicht besser. Sie liefen auch winters draußen herum, halb wild, und scharrten sich Gras aus dem Schnee. Aber die Schafe?

Mary brauchte für die Winterfütterung Heu. Nun dehnten sich zwar zwischen Dorf und Fluß die schönsten Wiesen aus, aber wie sollte sie das Gras umlegen, damit es in der Sonne trocknete?

Sie fing an, die Halme büschelweise mit einem Messer abzuschneiden, Freundinnen und Kinder halfen eifrig dabei, aber diese Mühe gab nichts aus. Doch als Ebenezer aus Fort Niagara eine Sense holte und mit weitausholendem Schwung die Wiese mähte, ging die Heuernte voran und füllte allmählich eine ganze Vorratskoje.

So zog denn mit dem Mais, dessen Zöpfe wie eine Tapete die Wände bedeckten, ein bisher fremder Duft in das Falkenhaus ein: der Geruch sonnentrockenen Heues. Er erinnerte Mary mehr an ihr Jugendland am Marsh Creek, als die fremd gewordenen Gestalten der Brüder.

Kaum war die Sorge mit der Winterfütterung beseitigt, da tauchte eine neue Überlegung auf, als sollten die Mühen mit den Schafen niemals ein Ende nehmen: das Muttertier mußte geschoren werden. Seine Zotteln reichten bis auf den Boden, nicht lange mehr, und Lieschen stolperte über seine eigene Wolle. Wenn man nur den Behang zwei Hände breit kürzen könnte, aber wie?

Ebenezer machte einen Versuch mit dem Messer, aber Lieschen wurde dabei gestochen und blutete so entsetzlich, daß Mary dem ungeschickten Scherer das Messer aus der Hand riß. „Gehe lieber nach Fort Niagara und besorge eine richtige Schafschere. Mit deinem Messer geht es nicht!"
Ebenezer bockte, er hatte die Lauferei satt. „Schicke doch Hirschhorn, der hat jüngere Beine!"
„Aber Hirschhorn kann doch kein Englisch und hat noch niemals eine Schere gesehen."
„Er hat aber ganz nett Englisch bei dir gelernt", stichelte Ebenezer. „Er lernt auch dieses Wort bei dir!"
Mary wurde wütend. „Du bist ein Ekel wie der Feuersteinbruder!" Sie lachte über Ebenezers dummes Gesicht, denn von dem Feuersteinbruder wußte er nichts.
Bei Hirschhorn brauchte Mary nicht lange zu bitten. Er ging wohlversorgt mit dem Wort und einer Birkenrinde, auf deren seidiger Innenhaut Mary die Zeichnung einer Schere eingeritzt hatte. Er brachte auch das Gerät, ein Wunderding aus zwei Messern, die sich gegeneinander bewegten.
Die große Schere erregte Staunen; die wenigsten hatten je so ein Werkzeug gesehen, bei einem Händler oder einem weißen Siedler. Es ging von Hand zu Hand, und die Kinder schnitten sich damit in die Finger. Zum Glück stak die Schere in einer Ledertasche, die bequem in den Gürtel zu schieben war. Mary trug sie künftighin ständig bei sich, sonst wären die Kinder die Bastverbände an ihren zerschnittenen Fingern nie losgeworden.
Das Lieschen verlor einen Teil seiner Wolle. Sah es nun auch sehr sonderbar aus, so als fräßen die Motten in seinem Pelz, es fühlte sich sichtlich wohler und konnte auch wieder laufen.

Mit Hirschhorns Schere kamen auch neue Nachrichten aus Fort Niagara. Ganz neu hörten sie sich nicht an, denn das redende Blatt des Missionsboten und die Brüder in Harris Ferry hatten bereits davon gesprochen:
„Ein großes Indianerkonzil soll in den Deutschen Niederungen am Mohawkfluß bei Fort Schuyler zusammentreten. Dort wollen die Langen Messer in Erfahrung bringen, welche Stellung das Lange Haus, die Irokesenliga, bei einem Kriege der Siedler gegen den König von England einnehmen würde. Alle Leute erzählen davon, daß die Herrschaft des Königs zu Ende geht."
Tatsächlich kamen bald die Einladungen, und die Männer im Dorf redeten lange Abende über diese Neuigkeit. Heimlich und verstohlen, als schämten sie sich, holten sogar die Häuptlinge Marys Meinung zu diesen Fragen ein.
Die Reise nach Harris Ferry hatte ihr Ansehen noch gesteigert, zumal Hirschhorn und Amsel andeuteten, die weißen Brüder hätten unfreundliche Worte gebraucht und der Schwester Vorwürfe gemacht wegen ihrer indianischen Kleider, aber die Schwester habe ihre Verwandten am Genesee nach Kräften in Schutz genommen. Eines Abends erschien Frühlingswind in Marys Kammer und bat sie, ins Hirschhaus zu kommen. „Der Kleine Bart will dich sprechen, er schickt mich."
Mary glaubte nicht recht zu hören. „Aber dem Sachem geht es doch schlecht, wie man erzählt. Er hat ja auch schon lange nicht mehr auf seinem Bänkchen gesessen."
„Du hast recht; er hustet schlimmer denn je. Aber er befahl mir, dich zu holen, und deshalb kannst du ruhig mitkommen. Der Oberhäuptling erwartet dich."
Mary traf den Kleinen Bart in seiner Koje an, auf der Schwelle

hockend. Die Rechte streckte er fröstelnd zum Feuer, mit der Linken zog er die Decke fester um sich. Ein krampfartiger Husten erschütterte ab und zu die hinfällige Gestalt. Sogar die Pfeife hatte der Sachem niedergelegt.

Mary sprach die übliche Begrüßung: „Ich hoffe, es geht dir gut", und setzte sich auf einen Holzklotz. Der Alte strich sich die Haarzotteln aus der Stirn und richtete einen merkwürdig lebendigen Blick auf seine Besucherin. Seine Augen huschten nicht wie sonst unstet umher, sondern glänzten offen und heiter. „Nein, meine Tochter, gut geht es mir nicht. Nicht mehr lange, und dann wandere ich in das Westland."

Ein schwerer Hustenanfall erstickte seine weiteren Worte. Mary klopfte dem Sachem auf den Rücken und rief nach Frühlingswind, die am Eingang wie ein Schatten verschwunden war. Die Freundin erschien sofort und brachte auch den Honig, den Mary verlangte. Sie löste ihn in heißem Wassermais auf und flößte dem Greis so viel mit einem Holzlöffel ein, wie er nur schlucken konnte.

Frühlingswind ging ihr flink zur Hand. Jetzt erschien auch Hirschhorn. „Das ist lieb von dir, daß du dich auch um den armen alten Mann bekümmerst; seine Schwiegertochter versorgt ihn gar nicht mehr, natürlich ist sie wieder ins Dorf gelaufen. Frühlingswind tut, was sie kann, aber immer kann sie auch nicht da sein!"

Er stützte den Greis im Rücken. Der heiße Trank schmeckte dem Kranken; er schlabberte zwar ein wenig, doch das meiste bekam er in den Mund.

Frühlingswind eilte in ihre Koje, um neuen Honig zu suchen, und so sah sich Mary mit Hirschhorn und dem Sachem allein. Als der

Oberhäuptling wieder ruhig atmen konnte, blickte er dankbar auf die beiden jungen Menschenkinder, die da vor ihm saßen. „Du bist meine gute Tochter, und du bist mein guter Sohn. Ich hoffe, Owaniyo wird die Dornen von eurem Pfade hinwegräumen und euch eine glatte Straße führen, bis ihr weiße Haare habt und die Kinder eurer Kinder seht."

Mary erglühte. Hirschhorn erhob sich: „Ich muß unbedingt noch an meiner neuen Pfeife schnitzen; du hast ja auch gleich wieder Frühlingswind zur Hilfe!"

Der Sachem schien Hirschhorns Weggang gar nicht zu bemerken. Nach einer Pause fuhr er fort: „Meine Tochter, du bist unter den Weißen aufgewachsen, du hast neulich deine weißen Brüder am Susquehanna besucht, du kennst die Weißen besser als ich. Da ich nicht viel Zeit habe, möchte ich dir meine Gedanken offenbaren und auch deine Gedanken vernehmen."

Der Sachem sprach langsam und mit Pausen. Ab und an ließ Mary ihn von dem Honigbrei trinken, was er mit dankbarem Murmeln quittierte. „Du bist nun lange genug bei uns, und du kennst unser Leben ebenso gut wie das Leben der Weißen. Es heißt nun, die Leute in den Staaten wollten sich erheben und die Anhänger des Königs von England verjagen. Es sind Boten gekommen mit Einladungen zu einem Konzil in diesem Herbst. Sie möchten erforschen, wessen Partei wir ergreifen."

Er hustete wieder eine Weile. Dann blinzelte er seine Zuhörerin listig an. „Ich halte es für klug, sich auf die Seite der Mehrzahl und der Stärkeren zu stellen. Sage mir, meine Tochter, was du davon hältst und verbirg mir nichts von dem, was du darüber denkst."

Mary staunte. War es schon unerhört, daß der Oberhäuptling

sie holen ließ, so blieb es noch viel unglaublicher, daß er geradezu ihren Rat einholte, daß er sie als gleichberechtigt ansah. Denn so hatte sie den Kleinen Bart noch nie sprechen hören, so fern von allem Mißtrauen und Übelwollen, so zutraulich und ohne Hinterhalt.

Aber was sollte sie sagen? Sie wußte von den Parteienverhältnissen der Weißen so wenig wie alle Leute hier am Genesee. In ihrer Ratlosigkeit faßte sie unwillkürlich die knöcherne Rechte, die der Greis zum Feuer hinstreckte. Der Sachem ließ es geschehen.

„Mein ehrwürdiger Großvater, auch meine weißen Brüder haben davon gesprochen. Ich habe ihnen gesagt, die Stämme des Langen Hauses wünschten Frieden. Aber mir scheint, ich habe damit die Gedanken des Sachems nicht erraten."

Der Greis wurde unruhig und zog die Decke fester an sich. „Wir haben schon einmal darüber geredet, meine Tochter. Damals hast du gesagt, der Weißen auf dieser Insel seien schon zu viele, als daß wir sie noch verjagen könnten. Du hast die Wahrheit gesprochen.

Ich habe Hirschhorn für seinen Besuch in den Dörfern des Ostens eine Handvoll Stöcke mitgegeben. Er sollte darauf für jeden Weißen, den er traf, eine Kerbe einschneiden. Aber er traf so viele Weiße, daß er die Stäbe fortwerfen mußte. Ein Wald von Stökken hätte nicht ausgereicht."

Die Stimme war hoch und pfeifend geworden und versagte jetzt ganz. Mary griff wieder nach dem Honigbrei. Ein verstohlenes Lächeln huschte über ihr Gesicht: der alte Bart und Hirschhorn waren doch zwei richtige Kindsköpfe, ein alter und ein junger. Wer von den beiden mochte auf den unsinnigen Gedanken mit

der Volkszählung verfallen sein? Wieder begann der Sachem mit seiner dünnen Greisenstimme:
„Aber es ist doch etwas anderes, wenn die Engländer untereinander Krieg führen. Dann wird ja die verlierende Hälfte vertrieben, genauso wie die Franzosen vertrieben sind. Und wenn die Hälfte zurück auf ihre eigene Insel geht, dann ..."
Die Stimme verlor sich. Marys Gedanken fingen an zu jagen. Da war sie wieder, die unausrottbare Vorstellung, die Indianer vermöchten die weißen Siedler aus Amerika zu vertreiben. Als ob auch nur ein einziger Siedler daran dachte – ob nun königstreu oder nicht – den Indianern ihr Land wiederzugeben. Doch wie dem Sachem den Sachverhalt klarmachen?
Da fiel Mary die Schere ein. Sie zog die Lederscheide aus dem Gürtel. „Hier, mein Großvater, siehst du zwei Messer. Das eine Messer sind die Leute aus den Staaten, das andere sind die Leute des Königs von England. Sie haben sich verzankt und jetzt gehen sie aufeinander los" – sie schloß die Schere langsam – „und es sieht so aus, als wollten sie sich gegenseitig zerstören und vernichten. Aber sie tun sich nichts, siehst du!
Sie gehen aneinander vorbei. Doch gerät etwas zwischen die Messer, dann schneiden sie es mitten durch." Mary riß einen mürben, braunroten Fellfetzen von der Schlafbank, hielt ihn zwischen die Schere, und zerschnitt ihn. Rechts und links sank ein Stück Fell zu Boden.
Der Sachem erblickte die Schere offenbar zum ersten Male. Er nahm mit zitternder Hand die Fellstückchen auf, paßte sie mit den glatten Rändern aneinander und trennte sie wieder. „Das sind wir, die Kinder des Langen Hauses, wenn wir zwischen die eisernen Messer geraten", meinte Mary leise.

Nun packte der Kleine Bart das Gerät mit beiden Händen, das Mädchen hielt einen Fellfetzen dazwischen, und so ungeschickt die schwachen Hände auch die Schere hielten: wieder fiel rechts und links ein Stückchen Fell herunter.

Wieder hob der Greis die zerschnittenen Teile an seine Augen. „Das sind wir, wenn wir dazwischen geraten", wiederholte er. Seine Stimme sank zum Murmeln herab, er redete mit sich selbst und hatte wohl seine Besucherin ganz vergessen. „Wir leben auf unserer Insel, umringt von brausenden Wassern. Der böse Geist reitet im Sturm und die Wellen toben. Sie erheben sich, sie erdrücken uns; und einmal werden sie über uns zusammenschlagen, daß wir für immer verschwinden. Wer lebt dann, uns zu betrauern? Niemand! Was bedeutet unser Ende? Nichts! Wir werden ein Teil der Erde."

Mary überkam ein Schauder. Das spärliche Licht, das über den grauen Scheitel und die verschossene Wolldecke herabfloß, verwandelte die hockende Gestalt in einen Felsblock, wie er draußen an der Quelle lag, unbeweglich und keiner menschlichen Rede zugänglich. Das dunkle Gemurmel drang wie eine Drohung auf sie ein, und schließlich schrie sie fast auf: „Aber warum denn, Großvater? Wir können doch alle hier in Frieden leben!"

Der Sachem erwachte. „Ich werde es den Häuptlingen sagen, die zum Konzil gehen. Die Angelegenheiten der Weißen sind nicht die Angelegenheiten des Langen Hauses."

Mary nickte heftig; das unheimliche Gefühl schwand. Wo nur Frühlingswind blieb? Da kam sie endlich mit einem neuen Schüsselchen Honigbrei. Erleichtert verabschiedete sich Mary. Draußen unter dem rosig überhauchten Abendhimmel atmete sie tief: ihr war, als sei sie einem Grabe entstiegen. –

Zum Konzil ging dieses Mal der Onkel als Vertreter des Sachem. Er nahm Hirschhorn mit, der Kleine Bart wollte es so. Sie brachten gute Nachrichten mit. Die Irokesenliga hatte beschlossen, neutral zu bleiben. Nur die Mohawks murrten dagegen, mußten sich aber der Mehrheit fügen. Die Leute aus den Staaten aber waren hocherfreut davongegangen. Was auch kommen mochte: sie brauchten sich um die gefürchtete Liga nicht zu bekümmern.

Vielleicht war es diese erfreuliche Nachricht, vielleicht tat auch der milde Winter das seine, jedenfalls überstand der Kleine Bart seinen Husten und die kalte Zeit. Als die Sonne wieder an Kraft gewann und der goldene Jasmin an den Waldrändern leuchtete, saß er sogar wieder auf seinem Bänkchen. Laufen konnte er allerdings nicht mehr.

So kam es, daß ihn der Onkel erneut vertrat, als jetzt im Frühling die königstreuen Engländer zu einem Konzil einluden. Freudig übernahm er den Auftrag des Sachem, auch auf dieser Zusammenkunft für das „Pfeifenrauchen und Zusehen" einzutreten, wie die Irokesen ihre Neutralität nannten.

Es gab ja auch nichts anderes, da die Liga im vergangenen Herbst bereits den Leuten aus den Staaten versprochen hatten, die Waffen ruhen zu lassen. Doch dieses Mal erlebte der Onkel eine schwere Enttäuschung.

Unter dem Einfluß der unruhigen Mohawks und der englischen Geschenke schlug die Stimmung völlig um. Die schönen Kupferkessel, die neuen Flinten und Decken, die Tonkrüge mit Branntwein reizten die Häuptlinge; ihre Habgier machte sie blind für die Folgen, und sie versprachen, das Kriegsbeil aufzunehmen, wenn es zu einem Zusammenstoß kommen sollte. Auf der Seite der Königstreuen wollten sie in den Kampf eingreifen.

Die wenigen Menschen im Dorf, die stets gegen einen Krieg geredet hatten, fielen aus allen Wolken. In Mary belebten sich wieder die Schreckgespenster der Vergangenheit. Trat die Liga gegen die amerikanischen Siedler auf, dann brannte wieder die Grenze.

Sie dachte an die Brüder. Harris Ferry lag so gefährlich nahe am Austritt des Susquehanna aus dem Gebirge! Die jungen Männer vom Genesee gingen gewiß alle mit, auch Hirschhorn!

Als sollte dieser Windstoß das Unglück zu voller Stärke anfachen, starb auch noch in diesen aufgeregten Tagen der Kleine Bart. Viele Leute trauerten dem Sachem nicht nach, aber Mary hatte das Gefühl, als ginge ein leiblicher Großvater dahin. Die Zeit, da sie vor seinen Anschlägen gezittert hatte, lag lange zurück. Der müde, gebrechliche Greis erschien ihr jetzt wie ein Unterpfand der Dauer, wie eine Garantie, daß alles so blieb, wie es war.

Nun brach auch diese Stütze. Die Welt schien sich zu neigen und eine neue, eine unbekannte Seite nach oben zu kehren!

XV

Unter den Geschenken, die von Harris Ferry an den Genesee gewandert waren, befand sich auch ein Trinkgefäß aus hellem, durchsichtigem Glas. Mary stellte es auf den Rand des Dachbodens, um es immer bei der Hand zu haben und doch vor dem Zerbrechen zu schützen. Doch diese Tage, in denen so vieles zerbrach, überlebte auch das Glas nicht.

Als die Tante einmal nicht zu Hause war, holte es Schwälbchen herunter, um es anderen neugierigen Kindern zu zeigen, und dabei zerklirrte es auf der Schwelle der Kammer. Erschrocken stoben die Kinder auseinander; die kleine Nichte blieb mit ihren Tränen und Scherben allein.

Mary schalt ärgerlich, als sie zurückkam, doch davon wurde das Glas nicht wieder heil. Sie legte die größten Stücke auf den Bodenrand und kehrte die Splitter fort. Doch zeitigte wenigstens dieses Mißgeschick eine gute Seite. Mary erfuhr es wenige Tage nach der Beerdigung des Kleinen Bart, als eines Morgens eine Sonnenfinsternis eintrat.

Von einem unerklärlichen Rufen und Lärmen auf der Dorfstraße angezogen, eilte sie nach draußen. Sie sah, wie die Leute auf die Sonne zeigten, wie das Licht fahl zu schimmern begann, und wie der Tag eine graue Farbe annahm. Sie sah auch Schwälbchen und Wirbelwind mit den Schafen in das Gebüsch hinter dem Hause galoppieren und sich im Stall verkriechen. Sie hörte die Hühner ängstlich kakeln und sah sie auf ihren Schlafbaum flattern.

Aufgeregte Reden gingen von Haus zu Haus: „Der Kleine Bart hat sich zwischen uns und die Sonne gesetzt; er will uns das

Licht für die neue Saat fortnehmen! Das sieht ihm ähnlich, solche Bosheiten auszuhecken. Wir müssen ihn davonjagen!"
„Aber womit denn?"
„Mit Flintenschüssen! Gegen das Knallen der Flinten war er ja immer empfindlich!"
Eilig rannten die Männer auseinander, ihre Gewehre zu holen; selbst Hirschhorn, der gerade im Falkenhause gesessen hatte, um die Hacken zu reparieren, wollte davonlaufen. Mary hielt ihn zurück. „Bleibe nur hier, mein Lieber. Nimm dir ein Beispiel an meiner Mutter. Sie sitzt ruhig in ihrer Koje und kümmert sich um das Gelärme überhaupt nicht!"
Hirschhorn senkte beschämt den Kopf. Unsicher meinte er: „Glaubst du denn nicht, daß der alte Sachem zwischen uns und der Sonne sitzt?"
Mary lächelte und Hirschhorn wurde noch verlegener. Er fühlte, daß er hier einem überlegenen Wissen gegenüberstand und daß vor diesem Wissen das Gebaren der Männer etwas Komisches hatte. Trotz seiner Länge kam er sich klein vor neben dem zierlichen Mädchen. Zweifelnd blickte er auf den feingeschnittenen Mund, den ein deutliches Lächeln kräuselte, als jetzt eine gewaltige Knallerei einsetzte. Ungeduldig stampfte er mit dem Fuß auf. „Aber etwas schiebt sich doch zwischen uns und die Sonne!"
„Gewiß, jedoch nicht der Kleine Bart."
„Aber was denn sonst?"
Mary überlegte. Mit zehn Jahren hatte sie schon einmal eine Sonnenfinsternis erlebt, auch damals lagen Wald und Feld in diesem unwirklichen Schimmer. Der Vater hatte ihr diese Erscheinung erklärt, und ein wenig saß noch in ihrem Gedächtnis fest.

Sie eilte ins Haus und kehrte mit einer rußgeschwärzten Glasscherbe zurück. Sie blickte selbst durch, dann ließ sie Hirschhorn durchsehen. „Nun erkennst du deutlich, wie sich etwas Kreisrundes über die Sonne schiebt. Hat der Kleine Bart je so rund wie dieser Ball ausgesehen?"
Betroffen starrte der junge Mann durch die geschwärzte Scherbe. „Nein, das ist nicht der alte Sachem! Der war ja zuletzt ganz mager. Aber was kann das sein? Dieses runde Ding, so rund wie eine Schüssel!"
„Das ist der Mond. Bald wird er vorübergezogen sein, und dann ist alles wie früher."
Der Höhepunkt der Finsternis und des Gewehrfeuers war erreicht. Mary zog Hirschhorns Kopf zu sich herunter. „Paß auf, gleich zeigt der Mond seine runde Scheibe von der Rückseite."
Der junge Mann schüttelte den Kopf, ungläubig und zweifelnd. Aber siehe, deutlich genug begann jetzt der rückwärtige Rand des Mondes über die Sonne zu wandern. Je weiter er rückte, um so heller strahlte wieder das Licht.
Hirschhorn geriet außer sich. „Du sagst es! Es ist wirklich so! Woher weißt du das nur?" Er blickte sie mit offener Bewunderung an. „Du kennst mehr Dinge in dem großen Welthaus als wir. Die Frauen im Hirschhause streiten sich, wen sie zum Sachem wählen sollen, manche wollen ‚Schnelles Pferd' nicht. Sie sollten dich nehmen!"
Errötend stellte sich Mary auf die Zehen und hielt ihm den Mund zu. „Willst du wohl still sein! Sage den anderen nichts und lasse sie in dem Glauben, sie hätten den Kleinen Bart verjagt. Die Hauptsache bleibt doch, daß alles wieder so ist wie früher."
Das Gesicht des Mannes verdunkelte sich jäh. „Es ist nicht mehr

wie früher", murmelte er. „Es ist schon lange nicht mehr wie früher."

Mary stutzte. Hirschhorn hatte recht: Das Dorf des Kleinen Bart war anders geworden. Heiser flüsterte sie, als dürfe es niemand hören: „Gehst du auch mit, wenn die Krieger gegen die Grenze ziehen?"

„Du weißt, daß die Teilnahme an einer Streifpartie freiwillig ist. Ich gehe nicht mit. Seitdem ich in den Dörfern der Weißen gewesen bin, hebe ich das Kriegsbeil nicht mehr auf, es sei denn, ihre Soldaten kommen hierher. Außerdem sind ja" – eine gewisse Verlegenheit lag in seiner Stimme – „deine Brüder dort drüben, deine Schwägerin und deren kleine Tochter."

Eine warme Freude überrieselte Mary. Dankbar blickte sie zu Hirschhorn auf, dessen dunkle Augen angestrengt auf die Dorfstraße sahen, als gäbe es dort etwas Wichtiges. Wie groß er geworden war! Und doch war er immer noch ihr alter Gefährte vom Ohio! Sie reckte sich und streichelte seine braune Wange. „Es muß ja auch jemand für uns jagen. Wir Frauen können nicht ganz allein bleiben. Aber sie werden es dir schwer machen!"

Der Frühling kam ins Land wie jeder andere Frühling. Nur daß eine ungewohnte Unruhe unter den langen Dächern vibrierte. Beständig trafen kleinere Transporte mit Flinten ein.

Irgendwo hinter den dunklen Wäldern am Horizont mußte jemand sitzen, der diese Lieferungen organisierte. Sie kamen regelmäßig und verschwanden in den Häusern, auf den Böden, in den leeren Kojen. Die Häuptlinge berieten nächtelang, und beständig schrillte der drehbare Schleifstein, der auch mitgeliefert worden war und der die Beile und Messer weit schneller schärfte als die alten Handwetzsteine.

Das Saatfest nahte. Sobald die Maiskörner in den Boden kamen, versammelten sich die Dorfleute bei der Sommereiche zu einer kurzen Bitte an Owaniyo um Regen und Gedeihen der Saat. Man tanzte wohl auch noch zwei oder drei Tänze, aber gegen Mittag ging man wieder auseinander. Viel Zeit blieb zum Feiern nicht, denn die Arbeit drängte.

Doch in diesem Jahre verlangten die Hausmütter mehr; das Saatfest sollte erweitert werden um das Tauziehen. Meistens vergnügte man sich damit an Neujahr. Da kämpften die Clans gegeneinander, die Hirsche und Falken gegen die Bären und Schildkröten; die Reihenfolge wechselte jedes Jahr. Dieses Mal sollte die Jugend gegeneinander ziehen: auf der einen Seite die Mädchen, auf der anderen die jungen Männer.

Jedem wurde sofort klar, was die Mütter sich dabei dachten. Dieses Tauziehen galt als Vorzeichen über Krieg und Frieden. Die Falkenmutter erklärte es jedem, der es hören wollte: „Die Mädchen sind die Erde, der Mais und die Hacke; die Männer die Jagd, das Fleisch und das Beil. Wir werden ja sehen, wer der Stärkere ist."

So standen gegen Mittag des Festtages bei der Sommereiche die beiden Abteilungen einander gegenüber, zwischen sich das armdicke, endlos lange Seil. Der Onkel, Kleinfalke und noch zwei ältere Männer amtierten als Schiedsrichter. Den Mädchen hatten sie drei Teilnehmer mehr zugebilligt, weil sie ja körperlich schwächer waren.

Ehe es losging, holte Kleinfalke noch seine Schwester Amsel heraus. „Was tust du denn da am Seil; du bist doch verheiratet und kein Mädchen mehr!"

Ebenezer grinste und Amsel maulte. „Es sind ohnehin nicht die

Stärksten! Sieh dir doch Märzbirke an! Glaubst du, daß diese lange, dünne Stange richtig ziehen kann? Und unsere zierliche Schwester gibt auch nicht viel her, sie ist nicht so stark wie Frühlingswind und die anderen. Und es kommt doch auf jede an!" Es half aber nichts; Amsel mußte das Seil loslassen und sich zu den Zuschauern stellen.

Dann packten die beiden Abteilungen das Seil und zogen es straff. Der Onkel hob den Arm, und nun legten sie sich mit ganzer Kraft rückwärts. Beide Seiten stemmten die Füße ein und versuchten keuchend und mit rot anlaufenden Gesichtern die Gegner zu sich herüber zu zerren.

Hin und her bewegte sich das Tau, aber immer nur wenige Handbreit. Die Mädchen gaben nicht nach: sie packten mit ihren arbeitsharten Händen zu, als hätten sie eine schwere Haue zu heben. Die jungen Männer mußten sich mit zusammengebissenen Zähnen mühen, um das Gleichgewicht zu halten. Niemand sah, daß Hirschhorn nur mit halber Kraft mittat.

Die Kinder jauchzten, die Erwachsenen feuerten beide Seiten an, selbst Hunde und Schafe mischten sich in den Lärm. Da! Märzbirke geriet ins Rutschen auf einem Grasbüschel. Sie fiel und riß auch noch Frühlingswind mit sich. Ehe sich die beiden aufrappeln konnten, war das Gleichgewicht verloren; unaufhaltsam glitt das Seil auf die andere Seite. Das Beil hatte gesiegt.

Auf dem Heimweg meinte die Mutter: „Der Kleine Bart ist zur rechten Zeit gestorben. Es kommen böse Zeiten. Denke dir, vom Fischbach hat der Geierhäuptling, bei dem du dein erstes Jahr verbracht hast, einen Boten geschickt. Am Ohio bleibt alles ruhig; sie vertragen sich dort mit den Weißen von Fort Pitt ganz gut. Aber hier werden die Männer auf niemanden mehr hören."

Die Mutter behielt recht. Die sichere Welt des Dorfes am Genesee schien sich aufzulösen. Es begann mit dem alten Kreis der Freundinnen.

Einige Tage hindurch hielt sich Märzbirke versteckt, und Mary, die doch mit ihr zusammen im Falkenhause wohnte, bekam sie nicht einmal bei der Feldarbeit zu sehen. Schließlich besuchte Mary die Freundin an der Ostseite des Hauses in ihrer Stube.

Sie fand Märzbirke mit verweintem Gesicht und ihre Mutter mit Packen beschäftigt. Die Freundin schüttete ihr Herz aus. „Alle sagen, ich sei schuld, weil ich gefallen bin. Es war doch nur ein Unglück!"

„Aber, Liebe, das gibt sich doch wieder. Solch dummes Gerede hört von selbst auf. Ist das Seilziehen denn so wichtig?"

Da mischte sich die Mutter Märzbirkes ein. „Ob wichtig oder nicht wichtig: alles deutet auf böse Zeiten. Hast du die Schwärme von Staren gesehen? Die werden die halbe Ernte fressen! Und dann das Gerede vom Krieg! Nein, wir haben es satt; wir gehen!"

„Ihr geht? Aber wohin denn?"

„Nun", fing Märzbirke wieder an, seltsam errötend, „vom Fischbach ist ein Bote gekommen. Der Häuptling dort, der Geier, weißt du, hat böse Vögel zwitschern hören und hat uns eingeladen, den kommenden Herbst und Winter dort zu verbringen. Am Ohio bliebe es ruhig. Und wenn ich wollte" – Märzbirke errötete heftiger – „könnten wir heiraten. Er ist des Alleinseins müde."

Mary saß stumm da. Das war allerdings eine Neuigkeit! Sie ahnte nichts davon, daß der Bote sich zuerst nach den anderen Freundinnen erkundigt hatte, nach ihr und Amsel und Frühlingswind. Doch die Hausmütter der Falken und Hirsche deuteten ihm an, daß nur Märzbirke noch wirklich frei war. Das war an Mary vorbeigegangen, und so sah sie die Freundin fortziehen, ehe sie sich an den Gedanken gewöhnen konnte, die letzte Kammer an der Ostseite leer zu wissen.

Und der Sturm der Veränderungen legte sich noch nicht; das Leben schien immer schneller dahinzuwirbeln. Die Frauen im Hirschhause besannen sich und wählten den Großneffen des alten Sachem zu seinem Nachfolger, einen angesehenen Krieger namens Schnelles Pferd. Er galt auch als guter Jäger, aber ob er auch so klug war wie der Kleine Bart?

Mary war die erste, die seine vielen Neuerungen zu spüren bekam. Gleich nach dem zweiten Maishacken erschien Frühlingswind bei ihr. „Der Sachem will nach Fort Niagara, Felle und Leder umtauschen. Er bittet dich, als Dolmetscherin mitzugehen. Ich gehe auch mit."

„Aber wieso denn? Warum denn? Jetzt um diese Zeit tauscht doch kein Mensch Felle ein! Das haben doch bis jetzt mein Onkel und mein Bruder Kleinfalke für das Dorf im Herbst besorgt! Jetzt hat das doch keinen Sinn!"

„Der Sachem will es dieses Mal allein machen. Er hat mit den Rotröcken in Fort Niagara zu sprechen. Freust du dich denn gar nicht auf die Reise? Hast du denn schon die ‚Rauschenden Wasser' gesehen? Sie sind hundertmal so hoch wie die Fälle hier am Genesee!"

„Nein, ich war noch nie in Niagara. Davon hat nur Ebenezer erzählt, und ich habe das alles für erlogen gehalten."

Frühlingswind schilderte die „Rauschenden Wasser" in glühenden Farben, und Mary willigte schließlich ein, schon aus Neugier. Wenige Tage später wanderte sie mit dem Sachem und der Freundin auf dem großen Indianerpfad nach Osten, am großen Knick des Tonawanda vorbei nach Niagara; ein kurzer Weg nur, ein Kinderspiel im Vergleich zu der Reise vom Ohio zum Genesee.

Packpferde trugen die Tauschgüter, die Schnelles Pferd offenbar aus allen Winkeln zusammengekratzt hatte. Die Wälder zitterten unter der Glut des Sommers und zugleich unter einem dumpfen Wirbel, der irgendwo am Horizont dröhnte und immer lauter wurde, je näher Fort Niagara kam.

In der kleinen Palisade fanden sie rasch ein Unterkommen. Sie luden die Pferde ab. Der Sachem verschwand zu seinen Rotröcken, erschien aber sofort wieder. „Sie haben einen Dolmetscher hier; ich brauche dich nicht", sagte er zu Mary.

Den Mädchen war es recht. Sie liefen dem Dröhnen nach, das unablässig in der Luft hing und den Boden erschütterte. Auf einmal standen sie neben dem Fall. Meilenweit wälzte der Fluß seine Wasser heran, die sich über eine unsichtbare Kante in die Tiefe warfen. Haushohe Dampfwolken stiegen empor und verdeckten den Abgrund.

Frühlingswind schrie Mary Erklärungen ins Ohr. „Dort unten, einen viertel Tagesmarsch weiter, liegt Fort Schlosser. Bis dahin müssen alle Lasten, die den Fluß hinuntertransportiert werden, getragen werden, denn dort ist wieder ruhiges Wasser. Über den Fall selbst kommt kein Boot unzerschmettert. Früher hat sich einmal ein Mädchen hier hinuntergestürzt, weil ihr Liebster sie verlassen hatte."

Mary schauderte. „Komm, wir wollen zurück ins Fort; ich werde schwindlig!"

Als die beiden wieder in ihrem Quartier anlangten, waren Tauschgüter und Sachem nicht mehr zu sehen. Die Mädchen wanderten durch die kleine hölzerne Festung, erinnerten sich an die Flucht Ebenezers und Herrn Nettles Ärger mit den Kindern, und kamen sich bei all diesen komischen Geschichten ganz wie zu Hause vor.

Auf den Sachem mußten sie lange warten. Er kam in der Nacht, stank nach Schnaps, torkelte hin und her, und lallte unverständliche Worte. Er schlug um sich, schrie und fluchte, so daß die Mädchen ihn nur mit Mühe bändigen konnten.

„Er hat die Felle in Feuerwasser umgesetzt und sich betrunken", flüsterte Mary entsetzt. Frühlingswind war dem Weinen nahe.

Aber diese schlimme Vermutung stimmte nicht. Am anderen Morgen führte ein Soldat die beiden Pferde in den Hof, schwer beladen, aber mit anderen Lasten als auf dem Hinweg. Es klirrte, als ob Eisen auf Eisen schlüge.

Der Soldat grinste. „Das hat der Sachem gestern eingetauscht. Er hat wohl auch ein wenig getrunken, aber das heiße Wasser hat der Kommandant gespendet, das kostete nichts."

Gegen Mittag erwachte Schnelles Pferd aus seinem bleiernen Schlaf. Bedrückt und stumm traten sie den Heimweg an. Kein Wort verriet der Sachem von seinen Verhandlungen mit den Engländern in Niagara, aber bald wurde sichtbar, was beim Schnaps beschlossen worden war.

Kurz nach ihrer Rückkehr trug Mary eine Schüssel Rehfleisch hinüber ins Hirschhaus, als Dank für eine Jagdbeute Hirschhorns, die auch den Falken zugute gekommen war. In dem halbdunklen Gang sah sie niemand kommen, und so geriet sie mitten in ein Gespräch, das sie auf der Stelle festbannte.

Sie hörte Schnelles Pferd sagen: „Du bist mit uns nicht eines Sinnes und eines Herzens. Wie kommt das? Du bist doch kein Feigling?"

Die unfreiwillige Zuhörerin wußte sofort, an wen diese Worte gerichtet waren. Da klang auch schon Hirschhorns Stimme, vor Erregung bebend. „Es ist so, ich bin kein Feigling. Trotzdem will ich mich deinem neuen Kriegszug nicht anschließen, und wenn du noch so viele Skalpe versprichst. Haben die Langen Messer uns angegriffen oder beleidigt? Wenn sie in unser Land einfallen, werde auch ich kämpfen, aber jetzt nicht!"

„Was sagst du da?" verwunderte sich Schnelles Pferd. „Die Langen Messer sollen hierher kommen? Das geschieht niemals. Unser Land ist vor ihnen sicher."

„Das habe ich früher auch gedacht. Seitdem ich die Dörfer der Weißen im Osten besucht habe, denke ich anders. Du kennst ihre Zahl nicht. Kommen sie hierher, so sind wir verloren. Deshalb war auch Kleiner Bart dafür, zuzusehen und die Weißen sich selbst zu überlassen."

Eine Pause entstand. Dann klang wieder die Stimme von Schnelles Pferd, dieses Mal mit offenem Hohn: „Sie kommen niemals. Doch dich sehe ich nächstens mit den Weibern aufs Feld gehen, um Mais zu hacken. Das ist die richtige Beschäftigung für einen Mann wie dich."

Mary erschrak. Eine solche Beleidigung konnte Hirschhorn nicht hinnehmen. Sie trat vor in den Lichtkreis des Feuers. „Nicht jeder Sachem ist so klug wie der Kleine Bart. Deine Gedanken stammen jedenfalls aus dem Schnaps von Niagara", sagte sie ruhig und zog Hirschhorn fort in seine Stube. Sie sah noch, wie der neue Oberhäuptling zusammenzuckte.

„Der sagt kein böses Wort mehr zu dir", tröstete sie den Gedemütigten, der vor Zorn fast weinte. Sie ließ ihm auch ihre Hände, die er zärtlich drückte.
Wieder auf der Straße, geriet sie ins Grübeln. Wie mochte Hirschhorn auf den Gedanken verfallen sein, die Grenzer könnten zu einem Gegenschlag ausholen? Ihr selbst war eine solche Vorstellung ganz fremd, und nun dachte dieser junge Indianer weiter in die Zukunft als sie und Schnelles Pferd und alle anderen hier, den Onkel ausgenommen.
Hirschhorn mußte diese Befürchtung lange mit sich herumgetragen haben, mindestens seit der Reise nach Philadelphia. Ja, auf dieser Reise war der alte Hirschhorn irgendwo zurückgeblieben; mit jedem Tage zeigte er neue Eigenschaften, die früher wohl geschlafen hatten.
Doch wie wuchs Marys Erstaunen, als am folgenden Tage Frühlingswind beim Wasserholen unten am Genesee ebenfalls auf Hirschhorn zu sprechen kam. „Weshalb bleibt Hirschhorn zu Hause, wenn unsere Krieger an die Grenze ziehen wollen?"
Marys Antwort klang spitz. „Er hat etwas Verstand vom Kleinen Bart. Der hat ja auch gegen jeden Krieg gesprochen. Und Hirschhorn ist ebenfalls dagegen!"
„Ich finde es aber nicht richtig, daß er wie ein alter, gelähmter Mann zu Hause bleibt und die anderen Männer im Stich läßt."
„Dasselbe habe ich auch gestern von Schnelles Pferd gehört. Viel Verstand hat der neue Sachem nicht. Wäre er nicht der Großneffe des Kleinen Bart, hätten ihn die Frauen des Hirschhauses niemals gewählt. Und eins weißt du ja selbst: dieser Einfall mit dem Zug an die Grenze stammt von dem Schnaps in Niagara. Damals haben ihm die Engländer diesen Unsinn eingeredet!"

Frühlingswind warf wütend den Kessel hin. „Für dich hat nur Verstand, wer das nachspricht, was Kleiner Bart vorgesprochen hat. Schnelles Pferd ist wenigstens ein Mann; Hirschhorn ist ein Hase, der sich unter einem Dornbusch verkriecht, wenn er die Hunde hört!"

„Du hast wohl Tollkirschen gegessen! Was geht dich das überhaupt an? Was gehen dich Schnelles Pferd und Hirschhorn an?"

„Was der Sachem sagt, sage ich auch. Wir sind eines Sinnes und eines Herzens. Wir wollen heiraten!"

Mary war nicht sehr verwundert; sie hatte sich schon lange über Frühlingswind und den Oberhäuptling Gedanken gemacht. Nun mußte sie wählen zwischen der Freundin und Hirschhorn. „Heirate, wen du willst, aber lasse Hirschhorn in Ruhe. Und wenn du heiratest, dann gewöhne deinem Mann das heiße Wasser ab!"

Frühlingswind biß die Lippen zusammen und antwortete nichts mehr; sie füllte ihren Kessel und wandte sich grußlos zum Gehen. Mary wußte, daß sie auch diese Freundin verloren hatte.

Einen Tag später marschierten die Krieger ab, bunt bemalt und mit Adlerfedern im Haar. Lange noch rollte das Echo ihrer Flintenschüsse zwischen dem Fluß und dem Wald hin und her.

In der Nacht aber saßen die Mütter des Hirschhauses unter dem Vorsitz der Falkenmutter noch lange im Versammlungsraum. War es nicht ein Fehler gewesen, Schnelles Pferd zum Sachem zu wählen?

Noch nie war ein Sachem zu einem Plünderungszug auf den Kriegspfad gegangen. Das war Sache der jungen Krieger. Sollte man den Neugewählten noch vor seiner Rückkehr absetzen?

Die Meinungen wogten hin und her. Als der Morgen graute, gingen die Frauen ohne festen Entschluß nach Hause.

XVI

Die Krieger blieben lange aus. Die Schwalben zogen schon nach Süden, und die Stare suchten in Schwärmen die Felder nach den letzten Maiskörnern ab, ehe das Dorf von den Männern etwas hörte. Die Ernte lag längst wohlverwahrt in den Vorratskammern. Die Heukoje war bis oben mit Heu vollgestopft, und die beiden kleinen Nichten hüteten die Schafe in den Blaugraswiesen. Eines Tages erschienen sie aufgeregt am Kochfeuer der Mutter, ohne sich auf ihre Schüsseln mit Mais zu stürzen. „Wo bleibt ihr denn nur?“ tadelte die Mutter. „Ihr wißt doch, daß wir um diese Zeit essen!“

Wirbelwind und Schwälbchen überschlugen sich fast. „Nach den Fällen steigt eine Rauchfahne auf, ganz weit weg. Aber wir sind auf einen Baum geklettert und haben sie deutlich gesehen!“

Die Erwachsenen blickten sich an. Seit dem Abzug der Männer aßen alle zusammen am Feuer der Mutter. „Das könnten ja Schnelles Pferd und seine Leute sein“, vermutete Ebenezer, ließ seine Schüssel stehen und lief zum Fluß hinunter.

„Er wird nie dicker werden“, stöhnte Amsel. „Bei diesem Irrwisch schlägt das beste Essen nicht an. Erst freut er sich wie ein Kind über die vier Hasen, die er mit Hirschhorn zusammen gefangen hat, und dann rührt er das schöne Fleisch gar nicht an.“

Amsel redete noch lange über Ebenezer, seine Unruhe und seine Dürre; die Nachricht von dem Rauchfeuer schien sie nicht zu stören. Während Mary sich entschloß, ihre Schafe heimzuholen und in den Stall zu treiben, rannten Schwälbchen und Wirbelwind mit ihren Neuigkeiten von Haus zu Haus.

Am Genesee blickte Mary lange in die Richtung der rauchenden Wasser, wie die großen Fälle stromauf hießen, aber sie konnte keinen Rauchfaden erkennen. Vielleicht lag es an der Sonne, die einen feinen Schleier vor ihr Gesicht zog. In den Schilffeldern bauten die Bisamratten schon ihre runden Wohnungen. „Der Winter ist nicht mehr fern", dachte Mary. „Nun, wir haben vorgesorgt; wir können die kalten Monate überstehen."

Im Dorf erhob sich Unruhe. Einzelne Leute eilten zum Genesee hinunter, andere spähten angestrengt nach Süden.

Mary lockte die Schafe. Auf dem Wege zum Stall begegnete ihr Frühlingswind. Die Freundin war ganz die alte: „Das sind sicher der Sachem und die Krieger", rief sie fröhlich. „Wie ich mich freue, einen Monat habe ich Schnelles Pferd nicht gesehen! Ich werde ihm entgegenlaufen!" Fort war sie, ohne eine Antwort abzuwarten.

Mary strahlte: wie schön, daß die alte Freundschaft wiederkam! Ihretwegen konnte Frühlingswind den Sachem heiraten, wenn sie nur Freundinnen blieben.

Da tauchte Ebenezer auf, ein wenig außer Atem. Keuchend berichtete er: „Die beiden Kleinen haben gute Augen! Ich wollte nicht zu weit vom Dorfe weg, aber so viel habe ich gesehen: es kommen keine Weißen, es kommen Indianer! Dann haben wir also noch einmal Glück gehabt!"

Mary verstand diese dunkle Andeutung nicht, und Ebenezer ließ ihr auch keine Zeit zum Fragen. Er war ganz ausgelassen. Zuerst galoppierte er mit Lieschen voraus zum Stall, dann mußte sein kleiner Spitz Kunststücke machen, Pfötchen geben, totes Hundchen spielen, Herrchen auf die Schultern klettern und wie ein Pelz sich um seinen Hals legen.

Als Mary den Rest des Maises aus dem Mörser den Hühnern hinschüttete, stieß sie Ebenezer an. „Hörst du was?"
„Nein, nichts Besonderes!"
„Ich auch nicht. Und doch müßten wir jetzt die Schüsse hören, die Freudenschüsse, weißt du, die eine erfolgreiche Streifpartie ankündigen. Aber es bleibt alles still. Viel Beute scheint Schnelles Pferd nicht mitzubringen, wenn er es ist. Und das wäre auch das beste."
Nun, Schnelles Pferd war es nicht, es waren nur seine Leute unter Führung des Onkels. Aber die Beute war wirklich ärmlich: ein alter magerer Klepper. Ganz still kamen die Männer daher und verloren sich rasch zwischen den Häusern.
Mary nahm den Onkel mit zum Feuer der Mutter. Getüpfelte Feder erzählte bereitwillig und ohne Umschweife.
„Wir machten ein Blockhaus aus in der Nähe von Fort Pitt, ziemlich nahe bei der Palisade. Unsere Späher erkundeten alles: sie hatten Pferde und Ochsen und noch sonstiges zahmes Vieh. Die Nacht hindurch blieben wir im Wald, aber als wir am anderen Morgen angriffen und die Tür einrannten", Mary schauderte zusammen, das kannte sie ja, „da war alles leer. Sie mußten etwas gemerkt haben und hatten sich über Nacht davongemacht. Nur das alte magere Pferd war zurückgeblieben.
Der Sachem tobte und schimpfte. Er trank allein eine Flasche von dem heißen Wasser aus, das wir gefunden hatten. Mit einem Male durchfuhr mich der Gedanke, die Weißen könnten aus dem Fort Hilfe holen und zurückkehren. Ich legte mein Ohr auf den Boden und hörte Pferdegetrappel.
Ich sagte es dem Sachem, aber dessen Ohren hatte das Feuerwasser verstopft. Plötzlich waren die Langen Messer über uns,

und wir mußten um unser Leben laufen. Schnelles Pferd, der Haus, Scheune und Stall in Brand gesetzt hatte, fiel ihnen sogleich in die Finger. Wir anderen entkamen, geduckt in der ungeheuren Rauchwolke zum Wald laufend. Zu unserem Glück wälzte sich der Qualm am Boden entlang, so daß niemand richtig sehen konnte. So sind wir nach Hause gekommen, allerdings ohne den Sachem."

Der Onkel klopfte umständlich seine Pfeife aus und stopfte sie wieder. Es schien nicht, als ob er noch etwas zu sagen hatte.

Da nahm Ebenezer das Wort. „Das ist ja eine schöne Bescherung. Ich hoffte, ihr würdet gar nichts erreicht haben, aber dieser Brandüberfall kann uns teuer zu stehen kommen. Die Zeiten sind vorbei, wo die Siedler die Überfälle ungestraft hinnahmen. Und so einen Sachem erkennt man ja auf hundert Meilen an seinen Federn, seinen Ohrringen, seiner Bemalung! Die werden schnell heraushaben, woher dieser Besuch kam! Und verlaßt euch darauf, sie werden den Besuch erwidern. Es wird sich an der Grenze schnell herumsprechen, daß die Seneca am Genesee das Kriegsbeil aufgenommen haben!"

Ebenezer spuckte wütend ins Feuer und brummte noch allerlei von „Dummköpfen", „Narren" und „jungen Eseln". Der Onkel widersprach nicht; im stillen gab er wohl Ebenezer recht.

Mary lauschte mit geteilten Gefühlen. Lange noch lag sie auf ihrer Schlafbank wach und hing ihren Gedanken nach. Gegen Harris Ferry war es nicht gegangen; sicher hatte der Onkel dafür gesorgt. Es war auch niemand zu Schaden gekommen, gewiß, gewiß!

Aber was sollten die Brüder von ihr denken? Damals, als sie bei ihnen war, hatte sie ihre indianischen Verwandten in Schutz genommen; damals konnte sie sagen: Shawnees haben unsere Eltern ermordet, nicht Irokesen. Die Irokesen sind friedlich, sie werden das Kriegsbeil in dem Kampf der Weißen untereinander nicht aufnehmen! Und jetzt? Wie schnell hatte sich der Sachem in Fort Niagara zu diesem Kriegszug beschwatzen lassen. Konnte es John überhaupt wagen, sie zu holen? Würde er es wagen?

In dieser Nacht wurde Mary klar, daß sie nicht mehr nach Harris Ferry zurückkonnte. Und wenn sie trotzdem ging, auf eigene Faust, ohne John abzuwarten?

Wenn sie zu den Brüdern ging, mußte sie alle Brücken hinter sich abbrechen. Amsel und ihre Freundinnen würden sie nie besuchen dürfen. Auch ihre Mutter würde sie nicht wiedersehen und Kleinfalke, den Onkel, und auch nicht Hirschhorn!

Ihre Gedanken stockten. Hirschhorn war ihr auch verloren, wenn sie den Genesee verließ.

Und wohin ging sie eigentlich? War da nicht eine große Leere? Die Brüder, gewiß, sie blieben die Brüder. Aber sie waren den ganzen Tag draußen, auf dem Acker, in der Scheune, im Wald. Elisabeth würde sie nur aus Mitleid dulden. Immer noch hatte sie den scharfen Ton ihrer Stimme im Ohr. Dort in Harris Ferry blieb sie die Empfangende, die stets dankbar sein mußte und keine Rechte besaß.

Hier dagegen lebten alle Menschen, die ihr in den Jahren ihres indianischen Lebens nahegerückt waren. Hier sah sie niemand über die Schulter an, hier war sie nicht überflüssig, hier brauchte man sie und ihren Rat. Einen Augenblick tauchte Hirschhorns Gesicht vor ihrem inneren Auge auf, mit einem fragenden Blick. „Du brauchst nicht zu fragen“, flüsterte sie. „Ich bleibe hier.“

Gleich darauf war sie eingeschlafen.

Die Sorge vor der Vergeltung ließ niemanden im Dorf schlafen. Zuerst hofften alle, Schnelles Pferd würde bald ausbrechen und mit neuen Nachrichten erscheinen. Im Fesselabstreifen und Entwischen war jeder Indianer Meister.

Doch die Tage gingen hin und kein Sachem kam. Bis auf Frühlingswind glaubte niemand mehr an seine baldige Rückkehr. Um nicht überrumpelt zu werden, verabredeten die Männer einen Spähdienst, zusammen mit dem nächsten Dorf flußaufwärts „Schwankende Rohrstengel".

„Schwankende Rohrstengel" lag dicht bei dem hohen Fall, über den der Genesee aus seiner Felsenschlucht herunterfiel, und es war das erste Senecadorf überhaupt am Genesee. Kamen die Langen Messer, so war „Schwankende Rohrstengel" am ehesten bedroht.

Der Onkel, der für den abwesenden Sachem handelte und dachte, befahl den Hausmüttern zu packen. „Im Notfall marschieren wir zum Knie des Tioga und bleiben dort, bis die Weißen wieder verschwunden sind. Dort finden wir genug Wild, und sollte es noch schlimmer kommen, dann gehen wir weiter zu den Rotröcken nach Fort Niagara." Damit waren alle einverstanden. Das Tiogaknie, an dem der Tioga von Norden nach Westen umbog, kannten die meisten als sehr guten Jagdplatz; hier versorgten sich die Reisenden, die von den Mohawks kamen und weiter nach Sonnenuntergang wollten.

Eine dumpfe, erwartungsvolle Stille breitete sich im Dorf aus. Die Frauen packten und verschnürten auch die Satteltaschen für die Tragpferde. Die Männer durchsuchten abwechselnd das Land bis zu den Fällen des Genesees, Ebenezer zuletzt unter ständigem Murren. „Warum haben nur die Dummköpfe solchen Unsinn angefangen? Nun warten wir auf die Quittung, die redlich verdiente!" Kleinfalke, der Onkel und die anderen Männer mißbilligten zwar solche Reden, sagten aber nichts, denn Amsel war krank, und ihr mußte eine Flucht ganz besonders schwerfallen.

Eines Morgens erlosch denn auch das Fünkchen Hoffnung, das jeder in einem Winkel seines Herzens gehegt hatte. Hirschhorn kam mit hängender Zunge angejagt und keuchte: „Die Langen Messer sind schon in Schwankende Rohrstengel! Das Dorf brennt. Man kann die Rauchwolken sehen. Wir müssen fort."

Unsicherheit und Furcht verschwanden. Um ihre Tiere konnte Mary sich nicht mehr kümmern. Schafe und Ochsen trieb man auf eine versteckt liegende Uferwiese. Im Nu waren die Pferde beladen, die Frauen nahmen ihre Packen auf den Rücken und fast geräuschlos verließ der lange Zug das Dorf. Die Hunde wußten nicht, weshalb man ihnen die Schnauze zuhielt, aber schließlich begriff sogar Ebenezers Spitz, daß er nicht bellen durfte.

Mary sah Hirschhorn nicht und lief noch einmal zurück ins Hirschhaus. „Hirschhorn! Hirschhorn!" rief sie, doch statt einer Antwort vernahm sie leises Weinen und Schluchzen. Da sah sie Frühlingswind in dem leeren Haus auf der Schwelle einer Koje sitzen. „Schnell! Komm! Was tust du denn noch hier?"

Doch als das Mädchen wortlos aufstöhnte, tat Mary ihre eilige Frage leid. Sie kannte ja den Kummer der Freundin. Sie ließ sich neben ihr nieder. „Du kannst doch nicht allein hierbleiben!"

„Ich will nicht ohne den Sachem fort, ich mag nicht mehr leben. Niemand wird mich vermissen!"

„Sprich nicht so! Eines Tages kehrt Schnelles Pferd zurück und wird nach dir fragen. Was sollen wir dann sagen?"

Ein dankbarer Blick streifte Mary. Sie zog die Freundin hoch und eilte mit ihr den Davonziehenden nach.
Der Übergang über den Fluß glückte ohne Schwierigkeit, da der Onkel alle Kanus hierher beordert hatte. Bald nahm der unendliche Wald die Flüchtlinge auf, und die Genesee-Niederung lag so verlassen da wie am Anfang der Welt.
Späher hielten den Onkel und die übrigen Häuptlinge auf dem laufenden. Frauen und Kinder erfuhren nichts, die Boten hüllten sich in düsteres Schweigen. Mary hatte viel zu tun, denn Amsel brauchte Pflege und die Mutter auch. Beide litten mehr unter den Strapazen des Weges als sie zugaben. Vielleicht drückten sie auch unsichtbare Lasten.
Am Abend stieß Mary unvermutet auf Hirschhorn, der als Späher den Weg drei oder vier Mal machte. Sie zog ihn mit zu ihrem Feuer und versorgte ihn mit Maisbrei. Die anderen schliefen schon in ihre Decken gehüllt auf dem Boden. Nur Ebenezer stocherte noch in der Glut herum.
Mary sah die verdüsterte Miene des Freundes. „Ich werde dich nichts fragen, du darfst doch nichts sagen. Aber was fangen wir an, wenn unser Dorf in Flammen aufgeht, so wie ‚Schwankende Rohrstengel'?"
Ebenezer grunzte und spuckte kräftig in das Feuer. „Darauf kannst du dich ziemlich sicher verlassen. Die Grenzer marschieren nicht tagelang, um hier am Genesee die schöne Landschaft zu bewundern. Von unserem Haus werden wir nicht mehr viel vorfinden."
„Das weiß niemand", wehrte Mary ab.
„Nein, aber jetzt werden die Weißen in unserm Dorf sein", mutmaßte Hirschhorn.

„Da kannst du recht haben, morgen früh, noch vor Sonnenaufgang, brechen wir auf und sehen nach."
„Aber Ebenezer! Ist das nicht zu früh? Womöglich fallt ihr selbst noch den Grenzern in die Hände."
„Keine Sorge. Wir schleichen uns schon vorsichtig heran. Wir wollen euch ja wiedersehen!" Ebenezer blinzelte fröhlich. Auch Hirschhorns Augen leuchteten. „Ja, das wollen wir. Aber wenn wir morgen abend nicht zurück sind, dann schicke uns die Krieger nach, dann brauchen wir Hilfe."
Kaum hatten sich die Geflüchteten zum Schlaf in ihre schnell aufgeschlagenen Hütten gelegt, als ein fürchterliches Gewitter niederging und der aufklatschende Regen die meisten weckte. Doch die jungen Mädchen und Männer schliefen darüber hinweg.
Als am anderen Abend die Späher noch nicht zurück waren, machten sich Kleinfalke, Getüpfelte Feder und die anderen Krieger heimwärts auf den Weg.
Kleinfalke sagte den Frauen zum Abschied: „Kommt in drei Tagen nach, dann erwarten wir euch."
Und so geschah es auch. Am Morgen des dritten Tages machten sich die Frauen und Kinder auf den Weg. Aber der Boden war noch feucht. Mit dem schweren Gepäck ging es nur langsam vorwärts. Nach der Mittagspause fing es an zu nieseln, und so erreichten die Geflüchteten den Genesee erst in der Dämmerung. Dort lagen aber nur wenige Kanus bereit. Das Übersetzen dauerte lange.
Am anderen Ufer standen die Männer mit Pferden und luden das Gepäck auf.
„Ein Teil der Kanus ist verbrannt", sagte Kleinfalke und half der Mutter und Amsel aus dem Boot.

Mary paddelte ein Kanu allein, in dem außer Wirbelwind und Schwälbchen viel Gepäck verstaut war. Von weitem erkannte sie am Ufer Ebenezer, der winkend mit den Armen in der Luft herumfuchtelte. Und daneben, das schien Hirschhorn zu sein.

„Er hat ja ein Pferd am Zügel", rief Schwälbchen.

Hirschhorn mußte die Worte verstanden haben. Stolz lächelnd trat er in das Wasser und zog das Boot auf den Sand, während das Pferd, plötzlich losgelassen, wieherte. Ewas verlegen sagte er zur Begrüßung: „Der Schecke freut sich mit mir, daß du gesund zurückgekommen bist." Dann half er das Kanu schnell entladen, damit es auf die andere Seite gepaddelt werden konnte.

Und dann erzählte Ebenezer: „Wir haben bei allem großes Glück gehabt. Der Regen hat das brennende Dorf gelöscht. Die Langen Messer hatten zuerst die Häuser am Anfang und Ende angezündet. Sie waren fast ausgebrannt, als wir ankamen. Von den Wohnungen in der Mitte aber waren nur die Dächer verkohlt. Nun, ihr werdet es ja selbst sehen!"

Trotz dieser tröstlichen Nachricht herrschte bei den Zurückgekehrten bedrücktes Schweigen. Jeder dachte an sein Haus, seine alte verlassene Koje, an die selbstgefertigten Sachen, an die geschnitzten Masken, Pfeifen, Löffel. Würde er davon noch etwas vorfinden?

Als die Letzten übergesetzt waren, bewegte sich der Treck heimzu. Endlich unterbrach Kleinfalke die Stille: „Wir haben Tag und Nacht gearbeitet, um die Trümmer fortzuräumen, um die halbverbrannten Häuser wieder zu decken und zu dichten. Wenn wir zusammenrücken, kommen wir alle unter."

Schwälbchen und Wirbelwind liefen voraus. „Das Falkenhaus ist ganz abgebrannt!" Sie drehten sich um: „Nichts ist mehr da!"

„Ja, wir ziehen in das Reiherhaus", erklärte nun Kleinfalke der Mutter und den Geschwistern.
Mary schauderte. Ob auch die Ställe und die Hühner verbrannt waren? Sie wagte nicht zu fragen. Auf einmal hielt sie es nicht mehr aus. Sie brach aus der Reihe und lief voraus. Wie erfreut war sie, als sie zwischen den Pflaumenbäumen ihren Stall entdeckte. Schnell schaute sie hinein. Nur drei Hühner saßen auf der Stange, aber der aus dem Schlaf aufgescheuchte Hahn krähte fröhlich, und unten in der Ecke kuschelten sich noch einige Küken.
Als Mary überglücklich aus dem Stall heraustrat, übergab ihr Hirschhorn Lieschen mit den beiden Schafen. Dem Mädchen traten vor Freude die Tränen in die Augen. Schweigend umarmte sie den Freund.
„Wie habt ihr nur die Tiere wieder eingefangen", wandte sie sich dann an den hinzukommenden Ebenezer, ihre Rührung verbergend.
„Nicht alle! Zwei Ochsen sind entlaufen oder von den Grenzern geschlachtet, aber Lieschen weidete noch an der alten Stelle mit ihren Schafen."
So endete die Rückkehr für Mary besser, als sie gedacht hatte. Kurz vor dem Einschlafen erzählte ihr noch die Mutter: „Hier glaubt niemand mehr an die Rückkehr von Schnelles Pferd. Sollte es so sein, dann wählen wir Hirschhorn zum Sachem, denn er ist der nächste Verwandte." Die Mutter sagte noch mehr darüber, und ihre Worte begleiteten Mary in ihre Träume.
Am anderen Morgen war sie schon vor Sonnenaufgang draußen. Die Vorratsgruben waren unangetastet. Sie holte einen Topf mit gequollenem Mais heraus und stampfte ihn, denn sie mußte für

die kranke Amsel mitarbeiten. Als Mary die Spreu ihren Hühnern hinstreute, kam Hirschhorn mit seinem Pferd und rief: „Komm' doch mal mit!" Dann führte er sie hinter die Pflaumenbäume.

„Der Stall ist nun auch zu klein." Er wies auf sein Pferd.

„Natürlich!" Mary streichelte den Hals des Tieres. „Solch einen Schecken hatten wir zu Hause bei meinen Eltern."

„Es ist eine Stute und bald wird sie ein Fohlen haben!"

„Ein Fohlen? Ein Fohlen! Wie ich mich freue!"

„Es soll dir auch ganz allein gehören."

Während Hirschhorn mit der Stute voranging, folgte Mary langsam nach; sie suchte in ihrer Tasche nach einem Stück Ahornzucker, den alle Pferde gerne mochten. Auf einmal hielt sie inne und blieb stehen. Was war denn das?

Erstaunt sah Mary einen abgesteckten Platz und Stapel angekohlter Stämme liegen. An der Seite entdeckte sie einige frisch gepflanzte Tannen und davor den glänzenden Stamm einer jungen Kastanie.

Hirschhorn räusperte sich. „Wir können das Lange Haus nicht mehr aufbauen, dazu reicht die Zeit bis zum Winter nicht mehr. Aus den kurzen Stämmen und Ästen lassen sich gut Blockhäuser zimmern. Ebenezer versteht das, und wir wollen unsere beiden Häuser aneinander bauen." Hirschhorn machte eine Pause. Dann fing er wieder an: „Und hier die Kastanie ist dir vom Marsh Creek und vom Fischbach gefolgt."

Mary blickte zu ihm auf. „Du hast an alles gedacht. Ich werde mich nie mehr zum Marsh Creek zurücksehnen."

CIP-Kurztitelaufnahme der Deutschen Bibliothek

Müller-Tannewitz, Anna:
Marys neue Schwestern / Anna Müller-Tannewitz. –
Stuttgart; Wien: Thienemann
ISBN 3 522 10510 9

Gesamtausstattung Max Bollwage in Stuttgart
Satz Süddeutsche Verlagsanstalt in Ludwigsburg
Umschlagreproduktion Fr. Beck in Stuttgart
Druck Gutmann & Co. in Heilbronn
Bindung Wilhelm Röck in Weinsberg

12 11 10 9 8